暮らしが変わる仕事

つくる人を訪ねて

田中のり子

誠文堂新光社

はじめに

10組の「つくる人」を訪ねました。どの女性も衣食住、暮らしにまつわるものをつくっている人です。彼女たちが仕事につくまでの道のりと、仕事を続けるための暮らし方について、じっくり時間をかけて話を伺いました。ある人は、何度も職を変えて。ある人は、身体を壊すほどの重労働の修行期間を経て。学生時代からの「コレ！」という直感で、そのまま突き進んできた人もいます。

それぞれフリーランスで働いており、自分を養うために、自身で仕事をつくらないといけません。手にした人に喜んでもらうためには、センスを磨き、つくったものに価値を持たせるだけでなく、手元に届けるまでの仕組みにも、さまざまな工夫が必要です。さらには「この人でなければ」と思われるような個性も際立たせなくてはいけません。

「好きを仕事にする」という言葉は魅惑的に響くけれど、「やりたい！」という気持ちと、人から求められることをすり合わせていくのは、魔法の杖をひと振りすれば解決するようなものではなく、細やかな仕事の積み重ねによって可能となるものです。

また、運よくその仕事を始められたとしてもそれを5年、10年と続けていくのは、とても大変なことです。「ああしなさい」「こうしなさい」と指示してくれる上司はいないのだから、進むべき方向を定めるのも、それを実践するのも自分自身。つくる仕事は体力勝負でもあるので、仕事を

長くしっかりと支えていくのには、ベースとなる「暮らし」と、心身を整えることが大切。それぞれの作品は暮らしに関するものなので、どのように生活するかは、つくるものの魅力にも直結していきます。

私にとって「つくる人」は、「仕事人」としても「生活者」としても、二重の意味で尊敬し、強く惹かれる存在でした。彼女たちの話に耳を傾けることは、「自分らしく生きたい」と考える人の仕事や暮らし方に、大きなヒントとなるのではないかと思います。

大切につくられたものたちは、長く親しむうちに、ときには手にする人の暮らしの価値観を、大きく変えていく力を持っています。それは単なる「もの」を超えた、大きな「ギフト」となるもの。彼女たちから届く「ギフト」は、一体どのように生まれてきたのでしょうか。

暮らしが変わる仕事　つくる人を訪ねて

もくじ

はじめに……2

大久保真紀子　パン職人……9

三浦有紀子

華順　革作家……33

藤原奈緒　料理家……57

岡本典子　花生師……81

上杉浩子　織作家……105
星芽生　ジュエリーデザイナー……129
磯部祥子　布作家……153
千葉奈津絵　菓子職人……177
萓木紀子　帽子デザイナー……201
芦川直子　コーヒー焙煎人……225
「つくること」のしあわせ……250
連絡先一覧……255

パン職人

大久保真紀子《おおくぼまきこ》
三浦有紀子《みうらゆきこ》

茨城県生まれ。それぞれにカフェやベーカリーなどでの修業を経て、2005年より、実の姉妹によるイベント出店を、「シマイ（cimai）」名義でスタート。2008年7月、埼玉県・幸手に実店舗をオープン。先日10周年を迎えた。

左官屋さんの指導のもと、友人たちと一緒に塗った漆喰の外壁。
重厚な扉は、アンティークの建具を見つけ、取り付けてもらったもの。

真紀子さんの古巣である「ルヴァン」から破格で譲り受けた石釜オーブン。
オーバーホールし、釜の中に溶岩石を敷いてもらった。

天然酵母を使って焼く、真紀子さんの「黒糖くるみパン」と「りんごのケーキ」。

前者は黒糖くるみ餅からインスパイアされたもの。後者は試作の失敗から生まれたそう。

有紀子さんのパン。フランス語で「石畳」を意味する「パヴェ」と、山型食パンの「エム・ブラン」。

どちらもサンドイッチやトーストにして食べたい、うま味の強い食事パン。

味わいのある古道具が並ぶ「シマイ」の店内。
イートインスペースもあり、買ったパンと飲み物をその場で楽しめる。

ふたりが影響を受けた本、
パトリス・ジュリアン著『生活はアート』。
平凡に思える日々の生活も、
心掛け次第で創作活動＝アートになる
ということを綴ったエッセイ集。

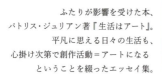

姉の真紀子さんは天然酵母を使ったパン、妹の有紀子さんはイーストを使ったパン。姉妹でそれぞれ違ったタイプのパンを焼いている「シマイ」。実店舗を持たない時代から、ユニットを組んでパンのイベント販売を行い、10数年と長い年月を二人三脚で歩んできました。

話をしていると性格はまったく違うのに、なぜかかもし出す空気感は一緒。影響を受けた店や本の話をすると、まったく一致。ふたりも「昔から不思議なほど、ものの好みが似ていた」と振り返ります。

ふたりが育ったのは、茨城県・古河市の田舎町。「最寄駅まではバスで片道30分、高校に行くにも自転車で1時間半(笑)。まわりは畑だらけで、パン屋さんもほとんどありませんでした」と有紀子さん。そんな環境でもパンは大好きで、高校生のころ、近所の公園で同級生と「ヤマザキ」や「パスコ」の袋入りのパンを食べる、〝パンパーティ〟をしていたというほほえましい思い出も。

高校卒業後、真紀子さんは会社勤めを1年したあと、友人から誘われ、地元のケーキ店でアルバイトをすることになりました。そこでものづくりの楽しさに目覚めます。さらに「もっと外を見てみたい」と、新規オープンを控えていた埼玉県・春日部市の「アフタヌーンティールーム」へ。ベーカリーに配属され、21歳で初めてパン作りを経験します。

「その店はシェフがいなかったので、アルバイトの私でも粉から焼き上げまでを任されました。楽しくて楽しくて、次第に『もっと上手く作りたい』『パン作りを深めたい』という欲が出てきたんです」

たまたま手にした雑誌の「パン特集」のページをめくっていると、東京・代々木上原の名店「ルヴァン」の甲田幹夫さんの写真が目に飛び込んできました。その笑顔に惹かれ、「この人のもとで働きたい」と直感的に思い、後先考えずに「雇ってください！」と直談判へ。前のめりで行動したものの、その時期は従業員の募集はありませんでした。「ルヴァン」は店主の甲田さんが「面接」ではなく「面会」をして、志望者の人となりを見るのがならわし。「ときどき手伝いに入ってみるのはどうですか？」と言われ、真紀子さんは別のパン屋で働きながら、仕事が終わったあとの夜間や職場の定休日に、手伝いをすることに。そのがんばりの甲斐あって、半年後、晴れて「ルヴァン」のスタッフとして迎え入れられたのです。

「普段の私は、もやもや考えてなかなか動けないタイプですが、そのころは自分でも驚くほど行動していました。悩んで考え込んでいると、時間はどんどん流れていく。考える前に一歩踏み出すことがよかったんだと、今になって思います」

一方、有紀子さんは、高校時代に雑誌『オリーブ』の洗礼を受け、そこで知った美術学校「セツ・モードセミナー」に進学します。入学早々、「自分は絵で生きていく人間ではない」と気づきつつ、ものを作ることに興味を持ちます。食べ物が好きだったことから、埼玉県・大宮の「アフタヌーンティールーム」でアルバイトを始めました。

「さまざまな仕事を受け持つうちに、自分は『食べ物と、そのまわりにあるすべてのものをつくりたいのだ』と考えるようになりました。食べ物を出すなら、パッケージはこんなデザイン、お店の空間はこんな雰囲気、サーブするときはこんなスタイルで……そういうことを空想するのが、すごく楽しかったんです」

けれど今の自分では何かを具体的に生み出すには経験が足りない。手に職をつけなければと、学校卒業後は長野のオーベルジュや東京・代官山のベーカリーなどで経験を積み、「アフタヌーンティー」時代に知り合った友人たちと一緒に、フードイベントを開催したりしていました。しかし26歳のときに予想外の妊娠で、仕事中断を余儀なくされます。

「つくり手としてまだ何も納得していなくて、出産後も毎晩のようにベーカリーのシェフや、パン生地にふれている夢を見ました。『どうしてもパンを作りたい！』と8か月で子どもを保育園に預け、仕事に復帰していました」

それぞれに歩んだ場所は違えど、奇しくも「パン」という同じ道を選んだ姉妹。東京で働いていた時期は、同居しながらそれぞれの職場に出勤していました。

そんなふたりが大いに影響を受けたのが、栃木県・那須塩原市にある「1988 CAFE SHOZO」。カフェ界のパイオニアと言われ、ヴィンテージの椅子やテーブル、昭和の建具類を利用したインテリアや、オリジナルのコーヒーなどが有名で、カフェやパン屋、インテリアショップなどを営む多くの人に、さまざまな影響を与えた伝説的なお店です。休日のたびに片道2時間半かけて足を運び、お茶を飲んで買い物をして、「こういう空間いいね」「いつか自分たちでも何かをしたいね」という思いを温めてきました。

初めて「シマイ」という屋号を掲げてイベントをしたのは、東京・恵比寿の生活道具店「イコッカ」にて、2005年3月のことでした。それまでは働いているお店のためのパン作りをしてきましたが、ここで初めて「自分たちのパン」を販売したのです。結果は大盛況で商品も完売。「本当に私たちでいいんですか？」というとまどいと、予想以上にお客さまに喜んでもらえた驚きと。そして「もっときちんとしなくては」という意識が生まれ、「あれもやってみたい」「これもやってみたい」という希望も、どんどんふくらんでいったそう。

そのイベントを皮切りに「シマイのパン」の認知度は高まり、さまざまなイベントに呼ばれ、卸し先も決まっていきました。ただふたりとも本業と二足のわらじで、すでに心身ともに限界。「いい加減、自分たちのお店をやらなくちゃ」。そう決心したのが2007年のことでした。

決心すると、道が準備された

「やる」と決心することの大切さ。夢をかなえた人たちから、今まで何度となくそのことを耳にしてきましたが、ふたりからもまた、同じ言葉を聞きました。というのも「やる」と決心してから、まわりからいろいろなものを差し出されるようなことが、次々に起こっていったそう。

たとえば、有紀子さんが長年「いいな」と見ていた物件に、突然「テナント募集」の張り紙が。すぐに電話して気になる家賃を尋ねてみると、何と思い描いていた予算とまったく同額。さらにつき合いのあった雑誌社から「店ができるまでを、連載しませんか？」と声がかかり、誌面で体験談を掲載するならと、メーカーから無料で内・外壁の塗料を提供してもらえることになったのです。記事は反響を呼び、オープン前から大きな宣伝となりました。また、真紀子さんがお世話になった「ルヴァン」の調布店が、クローズするタイミングとちょうど重なり、使っていたオーブンやミキサーなどを安く譲ってもらえることに！　まるでオセロの石がパタパタと裏返るように、次々に幸運が引き寄せられていったのです。

それらの幸運も、もし「二足のわらじのまま続けて、あわよくば店を出してみよう」と、中途半端なままだったとしたら、転がり込むことはなかったでしょう。「やろう！」という決意が、まわりにも伝わったからこそのもの。

もちろん不安材料がないわけではありませんでした。当初はパン屋を始めることを賛成してくれていたご両親が、急に異を唱えだしたのです。製麺会社に勤務しており、業界つながりで今後小麦粉が高騰する情報を知っていたお父さまが、

「今はその時期じゃない」「危ない橋を渡るのは止めろ！」と、毎晩のように電話で説得してきました。

「お店を始めるまでのいちばんの苦労と言えば、それだったかも(笑)。かなりこたえてメンタルを削られました。でも『親の言う通りにして止めたら、後悔しないのか？』と自問自答したら、『今やらなきゃ、絶対に後悔する』と思い、迷いは捨てました。思い返すと、その反対意見があったからこそ、自分たちの気持ちを強く固めることができましたね」と有紀子さん。

紆余曲折を経て「シマイ」の実店舗は、２００８年７月にオープンすることができたのです。

仕事と暮らしのバランス

「パンを作る上で、大切にしてきたことは何ですか？」と問いかけると、「楽しみながら作ること」と、ふたりからまったく同じ答えが返ってきました。

たとえば有紀子さんの修行時代は、1日の労働が10数時間。深夜0時から働き始め、家に戻るのが午後15時ごろ。自分自身の生活を楽しむ体力も、気持ちの余裕も残っていませんでした。

「自分の暮らしを削ってでも仕事に打ち込む職人さんの世界はすごいけど、ずっと続けるのは、私たちには無理。仕事はパン作りでも、『衣食住』にまつわるすべてを大切にしたい。そして可能なら、パンを買いにきてくれたお客さんとも、その思いを共有していきたいと考えているんです」

「シマイ」の2階に「シューレ（shure）」という空間をつくったのも、そんな理由でした。ここでは、友人のつくり手による出張喫茶やワークショップ、ヨガや身体のホームケアなどのイベントを開催しています。インスピレーションのもとになったのは、ずっと通っていた「CAFE SHOZO」。あの場所に行けば、暮らしに何かプラスαのものが得られる。「シマイ」と「シューレ」も、そんな場所に育てていきたいと考えたのです。

パン職人
大久保真紀子　三浦有紀子

お店をスタートするときに掲げた「仕事」と「衣食住」のバランス。自分たちが作れる量と、しあわせでいられる量。その塩梅を見つけるのには、試行錯誤が続きました。というのも、開店当初は「お店の存在を知ってもらうことが大事」と、どんな取材も受け、声をかけられたイベントにもすべて出ていたからです。

毎回「どれだけの数を作れるだろう」「どうしたら、無駄なく生産性を上げられるようになるだろう」と自分たちなりのテーマを掲げ、経験値を上げていくことに意識を注ぎました。目標をクリアすると「やった！」という達成感も得られます。けれども人気が高まるにつれ、寝る間を惜しんで作ったパンが、お客さまとゆっくりコミュニケーションをとる暇もなくバーゲンセールのように売れてしまったり、つい身体を酷使して、メンテナンスばかりに時間を取られてしまったり。求められる数は増え続けるけれど、やみくもにスタッフの数を増やすわけにもいきません。

そんな中、予想外のニュースが飛び込みます。２０１７年末、長い風邪を引いていると勘違いしていたら、何と真紀子さんの妊娠が発覚。開店10周年を目前に、

「シマイ」にとって最大の変革期がやってきたのです。

「これはもう、働き方を変えざるを得ないと、ふたりで話し合いました。今まで真紀子が作っていた天然酵母のパンを、有紀子が引き継いで作る。有紀子が作っていたイーストのパンを、スタッフに任せていく。そうやって手放しながら、エネルギーの注ぎどころを変えていきながら、自分たちにとっての仕事のいいかたちを、真剣に見直すチャンスなのだなと思いました」

現在、真紀子さんは育休中。復帰までは有紀子さんが中心となって、スタッフとともにパン作りを続けています。

ただふたりとも、これだけ焼き続けていても「パンに飽きた」ということは一切なく、「あんなパンを作りたい」「こんなパンを作りたい」という思いは、途切れることがまったくないそうです。

「私が作りたいと考えるのは、食べた人に『しあわせだな』と思ってもらえるような、食べて元気になってもらえるパン。そのためにはつくり手である自分の心身の状態がすごく大切だと思うから……ちゃんと整えないとダメですね、ハイ(笑)」と真紀子さん。

「私は、自分自身のテンションが上がるパン。順番は自分が先なんです、スミマセン(笑)。『こういう食感、こういう味わいのパンを作ってみたい！』という思いがあって、結果的にそれがお客さまにも喜んでもらえたら、ものすごくうれしいなという感じです」と有紀子さん。

けれどもふたりに共通しているのは、「『シマイ』のパンがあると、明日の朝起きるのが楽しみになるんです」——お客さまからそんな言葉をかけてもらうのが、何よりもうれしく感じるということ。

「元気のなかった人が、パンを食べることで少し気持ちが上がったり、日常のある瞬間がちょっと特別なものになったり。誰かの暮らしの中で、私たちのパンがそんなきっかけになれたら……こんなにうれしいことはありません」

Q1

装いについてのこだわりを教えてください。

A

ふたりとも、40歳を過ぎてからは、休みの日に必ずアクセサリーをつけるようになりました。それまでは一切つけていなかったので、大きな変化です。顔まわりが明るく見えるし、気持ちが上がります。洋服も、気持ちがときめくようなものに手がのびるようになりました。ここ最近ふたりとも「女子力アップ」がテーマ(笑)。休日にお気に入りの服を着て、素敵な場所にお茶をしに行くだけでも、気分が上がります。「おしゃれって本当に大事だね」と話しています。〈真紀子・有紀子〉

Q2

これは欠かせない、大切にしているという生活道具はありますか？

A

肌があまり強くないのと、仕事中オーブンの前に立っていると大量に汗をかくのとで、ここ数年、下着はすべてシルク素材にしました。絹は吸湿性、放湿性に優れているので、むれが少なく、快適に過ごせます。「イーズクリエーション」「うさぎの会」のものなどを愛用しています。〈真紀子〉
家でも職場でも、マグカップはイイホシユミコさんのものを愛用。あと「亀の子たわし」のスポンジ。水切れがよくて、デザインもいい。職住両方で使うので、まとめ買いしています。〈有紀子〉

Q3
休みの日は、
何をしますか？

A
会いたい人に会いに行き、行きたい場所に行く。普段会えない人と会って、その人の思考にふれて、刺激を受ける……というか、考え方を教わりに行っているような感じです。予定を埋めすぎないようにして、ぼんやり「会いたいな～」と思っていると、いいタイミングで会えたりします。〈真紀子〉

完全にひとりきりになれる時間を持つように。だいたい3時間くらい、完全にリラックスして、頭の中の整理整頓作業を行います。これを持たないと、ただ毎日忙しく流れていくだけなので、いったん立ち止まり、自分自身を俯瞰して、分析する時間です。好きなカフェでお茶を飲んだり、家で掃除しながらでもいいのですが、とにかくそれをしてから、人と会ったり出掛けたりするようにしています。〈有紀子〉

Q4
毎日欠かさずに
行っている習慣を
教えてください。

A
1日のどこかの時間で、テレビも音楽もかけず、何もしない時間、ぼーっとする空白の時間を持ちます。そこで「今日はいろいろあったなあ」と考えることもあれば、そのまま昼寝、夕寝をしてしまうことも。妹は「宇宙と魂の作戦会議をしている」なんて言います(笑)。〈真紀子〉

夜寝る前に、本や雑誌を読むのが長年の習慣です。料理の専門雑誌や、インテリア雑誌など。ときには完全に仕事のアイデア探しになったりして、夢に出てきたり。寝る前によくないですねえ。〈有紀子〉

Q5

食生活で心掛けていることはありますか？

A

店では玄米としいたけ昆布出汁の味噌汁をまかないで出しています。おかずは各自持ってくることになっているので、パン屋ではタブーなのですが、納豆にめかぶを合わせて毎日食べています。夜は家族のぶんの料理を作って、それをつまんだり、朝晩で足りなかった野菜を補うくらいです。仕事の日は、量は少なめ。そのぶん、休みの日はたくさん食べています。〈有紀子〉

Q6

身体のメンテナンスで、心掛けていることはありますか？

A

週1回ヨガをして、身体の血のめぐりと、心の風通しをよくしておくのが習慣です。スペシャルケアとして月に一度、フットケアと「気」のチューニングをしてもらっています。〈有紀子〉

「シャハラン・メスリ」のオイルを使い、毎日脚のマッサージをしています。塗るとカーッと温まり、血流がよくなってくるのを実感します。〈真紀子〉

Q7

「ものを持つ量」に
自分なりのルールは
ありますか？

A

服などが一杯になってきて、「滞っているな」と感じたら、一気に整理して手放すようにしています。でも本や雑誌だけはどうしても捨てられなくて、いまだに愛読していた『オリーブ』がどっさり残っていたりします。あと、四角い箱の収集癖があるので、素敵なものを見つけると、それだけはどうしても買ってしまいます。〈有紀子〉

笑っちゃうほど、ものが捨てられないタイプです。「これはいずれ何かに使えるのでは？」とつい考えたり、「長く使ってきたから」と情がわいて手放せないので、家の中はものが一杯。だから最近は、かたちとして残るものを買うときは、ものすごく慎重になっています。……整理しなきゃですね。したいと思います。〈真紀子〉

Q8

人づき合いで
心掛けていることは
何ですか？

A

自然な流れに任せるようにして、無理にたぐり寄せようと思わない。縁のある人は自然につながるし、そうでない人とは離れていくと考えています。人づき合いは常に自然体で。もちろんそれでも、好きな人には「好き」と伝え、会いたい人にはきちんと会いに行くようにしています。〈真紀子〉

Q9

落ち込んだとき、自分をどのように励ましますか？

A

落ち込む要素があるのは、自分がそれについて考えなければいけない時期だからだと思います。なので「なぜそういう風になったか」と原因を考えますが、必要以上のエネルギーは注がない。心がネガティブなほうに引っ張られないように注意します。そういう気持ちの切り替えは、ある程度訓練で、できるようになってきたと思います。〈有紀子〉

Q10

仕事をしたくない、それでもやらなくてはいけないとき、どうしていますか？

A

やらなきゃいけないことが10あるとしたら、それぞれの期限を自分の中で決め、達成までの行程表を作ります。それでこなせるよう、スケジュールに振り分け。先にどんどん進めていって、あとで楽するサイクルを考えるようにします。それでもど――してもやりたくない場合は、できない理由をつくってやらない（笑）。でもそうすると、必ず後悔するので、滅多にそうすることはありません。〈有紀子〉

華順《かじゅん》

革作家

東京都生まれ。跡見学園女子大学美術史学科卒業後、働きながら桑沢デザイン研究所の夜間部に通い、立体デザインを学ぶ。プロダクトデザイン事務所勤務、革かばん店で5年弱の修行を経て、2003年独立。年に数回の個展、グループ展などで作品を発表している。

「同じ型、同じ革を使ったとしても、つくる人によってまた違った個性になる」
パーツのカットなどは外注する人もいる中、華順さんは完成までの制作すべてをひとりで行う。

革それぞれの個性を確かめ、どの部分を何に加工するかを見極めるのも重要な仕事。

アトリエに置かれた試作品の数々。どんなアイテムも実際に使い心地を確かめてから、
作品としてこの世に送り出す。トートは厚い革を漉いたときに出る床革を活用した。

華順さんが10年以上使い続けているトートバッグ。中には試作中の財布がいくつか入っていた。

個展でも特に人気の高い財布たち。
サイズ感やポケットやホックの位置など、細やかな調整を加えた作品。
使ううちに味わいを増す、経年変化も楽しめる。

仕事椅子に使われている革の座布団も作品のひとつ。
ナチュラルなヌメ革が、使い込むうちにあめ色に。

華順さんのバッグは「仕事用に」「海外旅行用に」など、
具体的なシーンをイメージしやすい。

安東希枝子さんのニットアクセサリーと、宮本紀子さんのリング。同じくものづくりをしている友人は、戦友のような親しみを感じ、仕事のモチベーションを上げてくれる存在。

「クウプノオト」
松下香葉子さんの織りバッグ。
「私は革という素材ありきで
バッグを作っているけれど、
織って素材そのものから
作り上げているのは、
本当にすごいと思います」

「野口整体」の創始者として知られる野口晴哉や、
整体師の片山洋次郎の著作。
影響を受けた本は、身体にまつわる本ばかり。

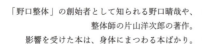

華順さんの自宅兼アトリエがあるのは、東京・国立市の閑静な住宅街の一角。昭和の佇まいを残す一軒家の1階にあるアトリエには、ロール状に丸められたたくさんの革材が積まれていました。

「実は撮影のために、まだまだたくさんある革材を、2階の部屋に隠しちゃいました(笑)。革屋さんに行って、いい革に出会うとつい連れて帰りたくなってしまって、在庫は増える一方なんです」

アトリエの中には素材としての革だけでなく、試作品や、華順さんが実際に愛用している革製品もいくつか置かれています。使い込まれて艶が増した革、細かな傷が味わいとなっている革、そしてまだピカピカの革。

主に使う素材はイタリアなめしの革。「仕入れに行くと、目の色が変わってしまう」と話す華順さん。素人目には同じように見える革も、自然が与えてくれたものなので、1枚1枚表情が違い、それぞれに豊かな個性があるのだそう。じっくり見つめて、ふれて、吟味して、「この子と、この子と、あの子」。そんな風に選ばれた革材は、やがてシンプルで美しいフォルムの作品に生まれ変わり、作品を待ち望む人々の手元に届けられます。

2回の挫折を経て

「革作家になるまでは、随分と遠まわりしてきました」

大学では美術史を専攻、学芸員への憧れはあったものの挫折し、卒業後はデザイン事務所の事務員として就職。そのうちに漠然と「手に職がある女性って、格好いい。自分も何か作る人になりたい」と考えるようになりました。そこで昼間は働きながら、デザイン専門学校の夜間コースに通い、立体デザインを学びます。2年間通学し、晴れて卒業後は、プロダクトデザイン事務所に入社。しかしそこでも、デザインと言いつつも、ひたすら図面やパソコンとにらめっこの日々が始まります。「手を動かしてものを作りたい」という欲求はふさがれたまま、悶々としたときが過ぎていきました。初めての違和感や挫折だったら、それほどでもなかったかもしれません。けれど今回は2回目。そのぶん、あせりも強かったようです。

「その時点ですでに、普通の人とくらべて何年もの時間のロスがある。次に何か別のことを始めるにしても、ものすごく真剣に考えて、きちんと決めてからでないと次に進めないと思ったのです」

まわりにいる友人や家族に話しても、「なぜ今の職場がダメなの?」「不満があるかもしれないけど、仕事なんてそんなものだよ」「好きなことは、趣味で続ければいいじゃない」と言う人がほとんど。けれど華順さんは、周囲からそういう言葉をかけられるたびに、「でも、私は納得いっていない」と、奥深くにある気持ちの核が、より明確になっていったそう。反対意見があったからこそ、自分の正直な気持ちが鮮明になりました。

そんな風に思い悩んでいたある日、街で素敵な革のポシェットを肩から掛けた女性を見かけます。ナチュラルなヌメ革の袋に、簡単な留め具が付いた、ごくごくシンプルなかたち。けれど革の風合いが活かされていて、ハッとさせられるほど印象的な存在感でした。

「思わず追いかけて、『そのかばん、どこのものですか?』と聞いてしまったんです。怪しいですよね(笑)。それはとある住宅街にある、女性がひとりで営んでいる革工房兼店舗の作品で、後日私もそのショップを訪ね、同じものを買って帰りました」

再びそのお店を訪れ、「何か手伝わせてください」と頼み込み、やがて仕事休みの土日に、簡単な雑務や革材のカットなどを手伝わせてもらうようになります。艶やかでしなやか、使い込むほどに味わいの出る革素材。ふれればふれるほどその魅力に、どんどんのめり込んでいきました。けれどある日、女主人はこう言います。

「あなたには素質があると思うけど、うちではこれ以上の仕事はさせられないし、お給料をあげることもできない。もし本気でやりたいなら、きちんと働く場所を探したほうがいいよ」

「そうかやっぱり、私は『革』なのかもしれない」。2回の挫折で少し慎重になっていた華順さんでしたが、その事実をしっかり意識させられた言葉でした。

革にふれる喜び

〝革好き〟というと、バッグ類とは別に、靴の世界を選ぶ人もいます。しかし革靴制作は、どうしても分業制になることがほとんど。必要とされる器具も多く大がかりになってしまいます。けれどバッグなら、女性ひとりでも仕事を続けていくことが可能だと思えたそう。

いろんな制作の場を探して調べ、やがて27歳のときに、オーダーメイドの革かばん店に修業に入ります。ミシンを扱うのは、家庭科の授業以来。きびしさもありましたが、華順さんは最終的に、5年弱という年月をその店で過ごし、革製品作りを学びます。

「やっと手を動かせることがうれしくて、楽しくて。最初のころは、シンプルなブックカバー。少しずつ腕が上がっていくと、財布やパソコンカバー、かばんなど複雑な造りのアイテムを。そんな風に少しずつステップアップしていくのが、本当にうれしかったんです」

革は動物の皮膚なので、布などと違い、強度もテクスチャーも均一ではありません。傷を避けて強度を考慮しながらパーツを切り取り、その革を漉いて（加工しやすくなるよう薄く削って）、磨いていきます。

たとえば財布なら、ベースとなる本体部分に加え、ポケット、ファスナーに付けるつまみ、マチ部分など、多いものは20強のパーツに分かれています。手が込んだものほどパーツが多くなり、あたかも料理の下ごしらえのようにパーツを準備して、それをひとつずつ縫い合わせ、完成に近づけていきます。

「その過程が楽しくて、楽しくて。終わりが見えてくると、うれしいけど、少しさみしい(笑)。『いつまでもこの子(革)とたわむれていたいのに〜』と、思ってしまうときもあるんです」

独立したての華順さんは、当時下北沢にあった「チクテカフェ」の店主・牧内珠美さんと以前から知り合いで、お店で作品を扱ってもらえました。また、恵比寿の生活道具店「イコッカ」がオープンした時期とちょうど重なり、毎年のように個展を開催し、お店と作家というそれぞれの立場で、歩みを共にすることができました。

独立当初から、人気店とおつき合いできたことは、「作家として本当に運がよかったし、恵まれていた」と華順さんは振り返ります。けれどもその幸運は、辛いこと、大変なことがある中でも、とにかく誠実にものを作り続けた結果としてあるものでした。

使い手の気持ちを考える

華順さんがものづくりをする上で大事にしているのは、「革は命があったものなので、感謝して大切に向き合うこと」。そして使い手の人に「気持ちよく使ってもらえるものを作ること」

華順さんが考える気持ちよさというのは、上質な素材を選ぶというだけでなく、使いやすいサイズ感を始めとして、ディテールについて徹底的に吟味することでした。たとえばパスケースなら、カード入れのフィット感はちょうどいいか、ストラップの位置はここでいいのか……使ったときの満足度を高めるために、とにかく試作を重ねて検証するのです。カード入れは、ほんの1~2ミリ変えるだけで、出し入れが滞ったりスムーズになったりするそう。そうやって細やかな調整を重ね、「よりよいもの」を作る努力を惜しまないのです。

華順さんが日常使いしているというトートバッグの中には、試作の財布が3種類も入っていました。どれもしばらく自ら使い心地を試し、修正して、「これぞ」というものだけを作品にして発表するのです。

作品は「素材ありき」なので、その素材感を削いでしまうような、凝ったデザインはあまりしたくない。その革のいい部分を、ありのまま活かすような仕事をしていきたい。そういう姿勢を守っていると、型数はそんなに多くはなりません。そのぶん一度定番となった作品は、シンプルでありながらも力強い存在感を持ち、その完成度の高さに見惚れてしまいます。

華順さんの作品には、手仕事ならではのあたたかさと洗練されたフォルムの美しさが共存していますが、その理由はこういった制作姿勢にあるのです。

つくることと、心と身体

「若いころはまったくの健康体でしたが、修行時代に仕事で足踏みミシンを使うようになってから、ひどい肩こりや頭痛、腰痛に悩まされるようになりました。身体のこと、もっときちんと考えなくちゃダメだと思うようになったのです」

職場の近所のスポーツジムに通うようになり、偶然ヨガのレッスンを受けたところ、不調が嘘のように解消されていきました。「ヨガって気持ちいい、ヨガってすごい」。一度はまるとのめり込む気質の華順さんは、女性の師匠について、学びを深めていきます。インドに1ヶ月滞在し、ヨガ漬けの日々を送ったこともありました。今はヨガに限らず、ピンと来たもの、心地いいものを柔軟に取り入れているそうです。

身体について深く意識するようになると、「ものをつくる意識」、心の面でも、大きな影響を受けるようになります。

ものづくりは素材に向き合い、自分と向き合う孤独な作業なので、長い時間続けていくと、知らず知らずのうちに、心にイライラやもやもやが澱のようにたまっていくことがあります。そんなときは、いいことにも悪いことにも執着せず、「手放し、流していくこと」が大切になりますが、身体そのものを動かして流れをよくすることが、近道になることもあるのです。ヨガを続けることで、その「手放すこと」が、よりスムーズになった様子です。

華順さんの作品に感じられる「健やかさ」は、そんな身体に対する意識の部分も、影響しているのかもしれません。

「ものづくりで怖いのは、停滞や執着に自分で気づけないこと。自分だけしかいないと、頭が固くなって、ひとりよがりになる危険性がすごくあると思うのです。身体に柔軟性を保ち、風通しをよくしておくことは、それを防ぐひとつの手段になるのではないかと思います」

Q1
装いについてのこだわりを教えてください。

A
年を重ねるにつれ、「着心地」をいっそう気にするようになりました。パターンが今ひとつだと着ていて疲れるし、袖を通すのがおっくうになるので、買うときは首まわりや肩まわりなどを中心に、じっくり吟味するようになりました。

シルエット的には、身体に心地よくフィットするかたちが好きで、ダボッとした服は、似合う方が着ている様子は素敵だと思うんですが、私が着ると何となくだらしなく見えるような気がして、あまり着ません。重ね着も苦手で、1枚でストンと決まる服を選ぶようにしています。手元にある服は、コットン、リネン、シルク、ウール、カシミアなど、天然素材ばかりです。

Q2
これは欠かせない、大切にしているという生活道具はありますか？

A
炊いたごはんを入れておく「おひつ」です。鍋でお米を炊いて、これに移すと余分な水分も取れて、ごはんが断然おいしくなります。冷凍してとっておく場合も、いったんおひつに移したほうが、上手に冷凍できます。冬なら次の日くらいまで、この中で保存することも可能。もう20年近く愛用している、手放せない道具です。

華作家
華順

Q3
休みの日は、
何をしますか？

A
仕事が好きなので、家にいると仕事をしてしまい、完全に1日オフというのは、なかなかなかったりします。展示で地方に行くときなどが、逆に休みになっているかもしれません。

その代わり、材料の仕入れや納品、打ち合わせなどで月に4～5回ほど都心に出るときは、ついでに友人とごはんを食べたりしています。食べることが好きなので、どうせ行くならおいしいお店に。友人からごはんのお誘いがあったら、ついでをつくってでも、出掛けるようにしています。

Q4
毎日欠かさずに
行っている習慣を
教えてください。

A
朝起きたら水か白湯を飲む。それ以外にも日中に水分をこまめにとるように。飲んで出す、その循環が、体調をよくしてくれるように思います。身体がちぢこまる仕事なので、朝起きたときや、仕事の合間など、ことあるごとにのびをするのも日課です。

そして毎朝、ほうきを使って玄関の掃除を。掃くと気持ちがよく、心の中もすっきり。なので玄関は、ものを置きすぎないように心掛けています。毎月1日と15日は、水拭きもするようにしています。

Q5
食生活で心掛けていることはありますか?

A
身体が欲するものを食べます。たとえば粉ものが続くと、ごはんとお味噌汁が食べたくなるし、外食が続いたら自然に食事を抜きたくなります。そういう身体からの声に従うようにしています。

ケミカルなもの、インスタント食品はできるだけ食べないようにしていますが、あまり細かくなく、楽しく食べているときは、それほど神経質にならないようにしています。

Q6
身体のメンテナンスで、心掛けていることはありますか?

A
ヨガや冷え取りを真剣にやったり、きっちり玄米菜食をしたりと、少しストイックに健康を追究した時期もありましたが、「あまりこだわらないほうが健康的」という段階にやって来ました。何か不調があるときも、自分なりのリセット術が分かってきて、身体の声に従って判断している感じです。あとはよく歩き、お風呂にゆっくりつかり、食べすぎたときはごはんを抜く。食べ物と同じく、化粧品やシャンプー、石けんなども、自然でシンプルなものを使うようにしています。アレルギーなどが原因ではなく、単に「そのほうが気持ちいいから」という理由です。

革作家
華順

Q7

「ものを持つ量」に自分なりのルールはありますか？

A

これは自分にとっての課題です。ものも服も好きなので、新しいものを買っても、手放すことがなかなかできません。心を込めて作られたものは、たとえ量が増えても、一度迎え入れたら大切に持ち続けたいと思ってしまいます。25年前に買ったニットも、お直しをしてもらい、いまだに大切に着たりしています。衝動買いはしませんが、そうすると増えるばかりで……悩みどころですね。

唯一、手紙や年賀状、書類など紙ものは、最近ようやく潔く処分できるようになってきました。そこが前進です。

Q8

人づき合いで心掛けていることは何ですか？

A

普段は個人プレーで暮らしているので、視野の狭さを痛感することが多いです。なので、おつき合いや声掛けがあれば、できるだけ外に出掛け、いろいろな人の意見や考えを聞くようにしています。今までの自分にはない考えに触れたり、発見があったりして、視野を広げてもらっています。そういった機会が自然なかたちで得られるよう、タイミングやご縁で動くことを大切にしています。

Q9

落ち込んだとき、自分をどのように励ましますか？

A

まずはとことん落ち込みます。落ち込む理由を見ないようにしたり、忘れたふりをすると、ふとした瞬間にまたその感情がわき出てしまうので、その感情の存在をしっかりと認めてあげる。さらに、その落ち込み、悲しんでいる自分を、別の自分が眺めているように意識を持って行きます。落ち込みつくすと、あとは浮上するだけです。

Q10

仕事をしたくない、それでもやらなくてはいけないとき、どうしていますか？

A

映画を観に行ってしまいます。映画館のある隣町まで自転車をこいで、映画を観て家に戻るまで2時間半から3時間。まったく別世界に行って戻ってくると、フラットな自分になれて、また仕事に向かえます。

以前は「やらなきゃ、やらなきゃ」とあせって仕事机に座るのにぼーっとしてしまったり、インターネットを眺めたり、中途半端にダラダラして、自己嫌悪してしまうこともありました。けれど最近は、スパッと気分転換をするように。自宅でＤＶＤを観るのではダメで、やはり映画館の暗闇の中で意識を集中させるのが、重要みたいです。

藤原《ふじわら》奈緒《なお》

料理家

北海道生まれ。２００４年より東京・小金井のカフェにて、調理・ケータリングを担当、２００６年に「日常料理教室」を開講。２０１３年に独立し、ＪＲ東小金井駅高架下「アトリエテンポ」内に「あたらしい日常料理ふじわら」をオープン。家庭料理に向け、提案を行う。

藤原さんのアトリエショップ「あたらしい日常料理ふじわら」のある東京・小金井市の近辺で採れた新鮮な野菜たち。農家さんから届くこれらの野菜が、藤原さんの料理の基本。

藤原さんが手掛ける
瓶詰め調味料「おいしいびん詰め」。
素材とあえればそれだけで一品料理になり、
いつもの料理に少し加えるだけで、
味に奥行きを持たせてくれる。

料理する藤原さんの美しい手元。
「私自身、難しい料理はしません。
シンプルに焼いたり煮たりした季節の素材に、おいしい調味料を加えるだけ。
毎日のごはんはそれで充分」

ある日の食卓が完成。ゆで鶏と野菜に調味料を添えたもの、塩ゴーヤとモロヘイヤのあえもの、
とうもろこしごはん、ひじきのマリネ、トマトと赤玉ねぎのカレーマリネ。

「あたらしい日常料理ふじわら」の店内風景。ここで週4日の食堂の営業と、料理教室を行う。

「お金がなかったので、内装は最少限に。お客さまが入って完成する空間です」

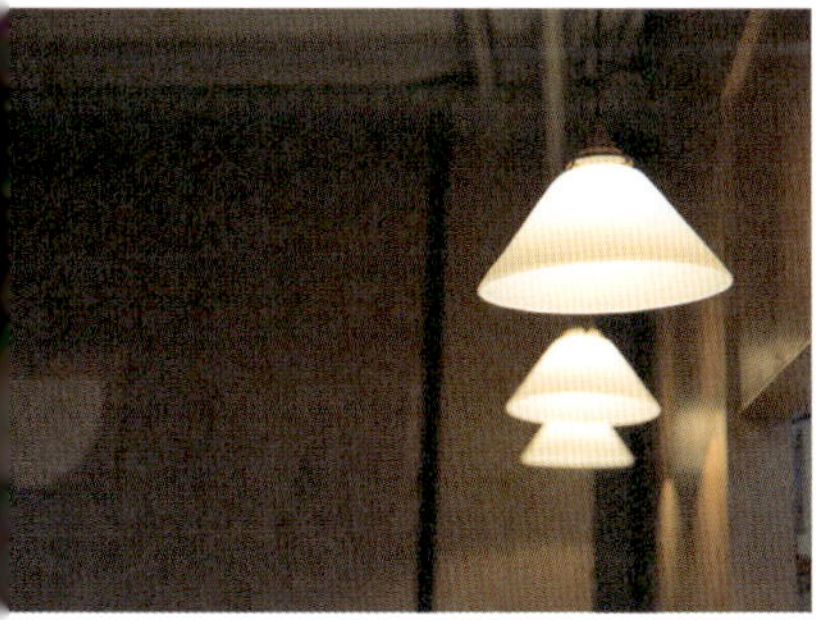

さまざまな野菜が育つ小金井の土屋正子さんの畑にて。この日は勢いよく育った
香菜（パクチー）をたくさんいただく。これが「パクチーレモンオイル」として生まれ変わる。

藤原さんが影響を受けた本。
幸田文『きもの』、篠田桃紅『桃紅』、
向井麻衣『美しい瞬間を生きる』。
すべて女性がどうやって自分らしく、
自立的に生きるかをテーマにしている。

65

料理家

藤原奈緒

話を伺いに藤原さんのご自宅を訪れたのは、じんわり汗ばむような初夏のころ。テーブルの上のどーんと並べられたのは、地元の東京・小金井市で育てられた、採れたての新鮮な野菜たち。みずみずしくはちきれそうな様子は、見るだけでもパワーをもらえそうです。「暑い時期は、火の前に立つのもしんどいから」と、なるべく手間をかけずに、作り置きできるものを組み合わせて、さっと食事を作ってくれました。

「冷蔵庫に入れるのがもったいないくらい元気でしょう。トマトは完熟してから収穫したものだし、旬のものしか届かないんです。小金井市は東京でありながら、のどかな畑がたくさん残っていて、志のある農家さんがいます。ここで料理の仕事をしている以上、他所の野菜を使うことは考えられませんでした」

この日の野菜は、藤原さんの自宅から歩いて10分ほどの距離にある、土屋正子さんの畑から届いたもの。土屋さんの作る美しくておいしい野菜とお人柄は、地元でも大人気。毎日近所から届く新鮮な野菜を前にして、自分がどうしたいと考えるのではなく、「野菜がどうなりたいか」に耳をすますようにしていると藤原さんは語ります。

この日作ってくれたメニューは、トマトと赤玉ねぎのカレーマリネ、ひじきのマリネ、とうもろこしごはん、塩ゴーヤとモロヘイヤのあえ物など。どれも基本の調味料か、藤原さんの瓶詰め（後述）を使った、素材の味わいを活かしたシンプルな料理ばかりです。


きらびやかな「ハレ」の日の外食ではなく、「ケ」である家庭の食卓に、どうしたらアプローチできるか。20歳で「料理の仕事をしたい」と思い始めてからずっと、そのことを考え続けてきたという藤原さん。現代に生きる私たちは、女性も男性も、とにかく毎日忙しい。その中でいかに「家で料理を作ること」のハードルを下げていくか。

料理の腕があれば、人目を引くために、めずらしい料理や派手な料理に目が行きそうなものですが、藤原さんは「最初から、家庭料理にしか興味がなかった」ときっぱり言います。

「きらびやかな世界にあまり興味がなかったのと、絶対に必要とされている分野だと確信がありました。だってみなさん、ほとんど毎日家でごはんを食べていますよね。地味ですが、そこが上手くできると、いちばんうれしい。注目度は低いかもしれませんが、必要度はすごく高い部分だと思ったんです」

おいしいごはんは、人生を救う

母子家庭に育ち、子どものころから料理上手だった祖母の姿を見て料理を覚えたという藤原さん。お米の味が変わったら文句を言ったり、納豆はどこのメーカーがおいしいと主張したりと、自称「食べ物にうるさい嫌な子ども」だったそう。お母さまが外で働いていた関係で、ゆったりとした団らんの時間をなかなか持つことができなかった。だからこそ、家庭料理へのこだわりが強くなったのかもしれないと、振り返ります。

「毎日のごはんがおいしく作れると、生きていく上で上手くいくことがたくさんあると思うんです。健康になれるのはもちろんのこと、心の平安や自信が得られたり、家族とのコミュニケーションがスムーズになったり。料理は『よりよく生きる手段』になりうるものだと思うんです」

目指すべき方向は分かっていても、20代のころは今のように情報発信の手段が発達しておらず、今でいう〝料理家〟というスタンスで仕事をする方法も、具体的なイメージもつかめていませんでした。ひとまずさまざまな飲食店で経験をつんでいましたが、やがて東京・小金井市のカフェで働くようになったとき、新鮮な地場野菜と出会います。みずみずしく力強い野菜たちは、藤原さんにさまざまなインスピレーションを与えてくれました。

単においしい料理を作ったり、不特定多数に向けてレシピを発表するのではなく、その時季の野菜を、あまり手間をかけずにいいかたちで活かす方法を考え、それを伝えていきたい。自分ならではのやり方を、野菜とのつき合いの中で強く実感するようになっていったのです。

料理家
藤原奈緒

運営のほぼすべてを任されていたそのカフェで、「日常料理教室」と名付けられた、小さな料理教室を開催するようになったのは2006年のこと。近所の直売所に野菜を仕入れに行くところから始まり、下ごしらえのコツや素材を活かす調理法を説明していきます。覚えられないような凝った配合の合わせ調味料は頻繁に作るのは難しいですが、おいしいしょうゆと酒で下味をつけるだけの料理なら、生活に取り入れやすい。古い料理書には「ごぼうはアク抜きして」「蓮根は水にさらして」と書いてあるけれど、それは素材の状態を見て決めればいいこと。栽培条件などが変わった今の野菜には、それほど強いアクはない場合が多いのです。

不要なルールや固定観念から自由になり、今の暮らしに合わせた料理の提案を行う。その上で「おいしい」の核になる部分は、しっかり押さえる。藤原さんのそんな教え方は、料理初心者だけでなく、長年料理をしていても「本当にこの方法でいいの？」と疑問を抱える人にも、確かな手ごたえを感じさせるものでした。

「私自身も工程が多くて複雑な料理はほとんど作らないんです。素材が新鮮で、調味料さえおいしければ、簡単にできるシンプルな料理で充分。逆に言うと、おいしくない調味料でおいしい料理を作るのは、本当に難しいことなので(笑)、調味料選びの大切さは、しっかりと伝えているつもりです」

思いを届ける瓶詰めたち

5組のものづくり作家が集い、アトリエとショップを併設させた「アトリエテンポ」。独立した藤原さんがJR中央線の高架下にあるその一角に、「あたらしい日常料理ふじわら」という食堂を開いたのは2014年のこと。飲食店としてただ料理でお腹を満たしてもらうだけでなく、その料理を通じて、食材の使い方や調味料の効かせ方など小さな提案を体感し、持ち帰ってもらえる場所として考えました。かつて思い描いた「日常料理への提案」を、さらに具体化させるための空間でした。引き続き開講した「日常料理教室」もここで行われています。

藤原さんが独立したときに、いちばん試行錯誤したのは「ワーク・ライフ・バランス」の取り方でした。いかに仕事と生活をバランスよく調和させるか。というのも、カフェで働いている時期は、仕事が面白くてやりがいはあったものの、ひどいときは朝9時から夜中の3時ごろまで働き続け、数か月に一度、ようやく半日ほどの休みが取れるような、「やってもやっても終わらない」状態だったそう。同じような話は、カフェやパン屋、焼き菓子店などで独立し、誠実に仕事をしようと思う人たちからも、よく聞かれます。

「自分がそんな状況だと、まわりのスタッフとの人間関係にも支障が出ますし、たとえ今は大丈夫でも、いずれ確実に身体を壊しますよね。すべてに120%の力を出さないと成り立たない、働いても働いても利益が出ないようなやり方は間違っています。長く仕事を続けていくためには、『経営』ということを、もっともっとしっかり考えなければいけないと思いました」

経営を安定させるために、賞味期限の長い看板商品が欲しい。そんな必要性と、カフェ時代に料理を楽にするために自分用に仕込んでいたという調味料が結びつき、藤原さんを一躍有名にした「ふじわらのおいしいびん詰め」が生まれました。

土屋さんの畑で採れた香菜を、レモンと一緒にオイルに漬け込んだ「パクチーレモンオイル」。ラー油や七味のような感覚で使え、ほんの少しの量で辛味とうま味を添えてくれる「おいしい唐辛子」。たっぷりのしょうがが入った「カレーのもと」。揚げたにんにくに、干しえびやナッツを加えた「にんにくえび塩」などなど。家にある素材にさっとかけたり、あえたりするだけで、たちまちおいしい一品ができてしまう、魅惑的な合わせ調味料たちです。

「煮物や炒め物など、素材に火を入れながら同時に味付けをすることは、実は難しい。まずはシンプルにゆでたり焼いたりに集中して、それにおいしい調味料を添えるというのが、いちばん失敗しない料理のやり方です。『上手くできた』という気持ちが、『次も料理しよう』と思う何よりの原動力になりますよね」

食堂はこの場所に足を運んでもらわないといけないし、料理教室は少人数しか相

料理家
藤原奈緒

手にできない。でも瓶詰めなら、一定の味わいを多くの人に届けられて、食べ方の提案もできる。「家庭料理のハードルを下げる方法を、広く伝えたい」という藤原さんの思いを、この瓶詰めたちは体現していたのです。

それらの調味料をイベントで販売し始めたある日、九州から「うちに送ってほしい」と電話がかかってきました。買ってくれたお客さまが「おいしいから」と、遠くに住む友人に送り、受け取った方が「もっと欲しい」と連絡をくれたのです。

「私は小金井で仕事をしていただけなのに、瓶詰めが旅をしてくれて、私の手から離れたところで新しい縁をつないできてくれた。『すごいな、こういう仕掛けがあると、いろんなことができるんだ』と驚きました」

そんなうれしい連鎖が広がっていき、今では全国数十軒に卸すほどの人気商品に。現在は近所の農家さんに加工場を借りて週に一度、集中して製造を行っており、製造専門のスタッフも増えました。

「ありがたいことに、店を始めた当初から、たくさんの方に注目していただき、いろんな取材や卸しのご要望をいただいて……先にボールが投げられて、それを打ち返す。現実についていくのに必死な数年間でした」

食がつなぐ、笑顔の連鎖

お店を開いて4年目。食堂の運営に瓶詰めの製作、料理教室にイベント出店、雑誌や書籍の取材たち……。「それ以前の記憶があまりない」と話すほど、忙しい日々を送ってきた藤原さん。「日常料理」という一見地味なコンセプトが、多くの人に求められていたのだと証明された日々でした。新しい瓶詰めの構想はたくさんあり、さらにはいろんな場所に赴き、料理を伝える仕事もしていきたい。視野を広く保つためにも、この先の仕事のあり方を考える時期に来ていると感じているそう。

75

料理家

藤原奈緒

もし料理の仕事をしていなかったら、ヘアメイクやファッション関係など、女性が輝くきっかけをつくる仕事をしたかったと話す藤原さん。料理教室で生徒さんに、「家族にほめられた」「おいしくできた！」と自信を持ってもらえたり、瓶詰めを買ったお客さまが「これがあるとごはん作りが楽しくなる」と声をかけてくれるのが、何よりもうれしいと話します。今後仕事の内容がどんな風に変化しても、「家庭料理から人を笑顔にしたい」という思いは変わらないようです。

「一緒においしいものを囲むだけで、仲良くなることがありますよね。他人と同じ気持ちになったと思える経験は、実はなかなかないことだけど、『これ、おいしいね』と笑顔になるときは、みんなの気持ちが一致していると思うんです。生きていると、本当にいろんな問題に直面しますけど、料理する人が少しでも楽になれて、同じものを食べて『おいしい』と言い合えれば、明日からもがんばれる。そのお手伝いをしていけたらと考えています」

Q1

装いについてのこだわりを教えてください。

A

仕事着とそうでない服を分けています。油や水がはねるので、仕事着はコットンやリネンなど天然素材で気兼ねなくざぶざぶ洗える服を。休みのときは、自分が「いい気分」でいられるもの。デザインや質感にうっとりしたり、ときめいたりするものを着たいと思っています。洋服が大好きなのだと最近気づきました。

その日着る服は、だいたい素材で選びます。「今日はシャリッとした麻を着たいな」「今日はシルクのようなやさしい服が着たい」という風に。料理と似ていますね。気候や体調によって、毎日顔が変わるタイプなので、その日で似合う服、似合わない服があります。そのときの自分に添う服を選ぶようにしています。

Q2

これは欠かせない、大切にしているという生活道具はありますか？

A

メーカーにこだわりはありませんが、先の細い箸と盛り付け箸。シンプルな料理でも、盛り付けがきれいだと、気持ちが上がりますし、口に運ぶときも、箸先が繊細だとおいしく感じられます。

料理家
藤原奈緒

Q3
休みの日は、何をしますか？

A
スケジュールを決めすぎるのがあまり好きではなく、余白が必要なタイプです。予定が詰まりすぎると、身体も気持ちも重くなるような気がして、なるべくその重さを出さないように暮らしたくて、自由な部分を残しておきます。

Q4
毎日欠かさずに行っている習慣を教えてください。

A
立ち仕事なので、寝る前に脚のストレッチ。整体の先生のアドバイスを参考に、足をぶらぶらと。あと水まわりがびしょびしょなのと、ステンレスが曇っているのは嫌なので、気づいたらきちんと拭き上げるようにしています。どちらかというとずぼらなほうなのですが（笑）、その2点は気になるので、いつもするようにしています。

Q5
食生活で心掛けていることはありますか？

A
いい調味料を使うこと。お店はコストパフォーマンスを考えなくてはいけないので、あまり高価なものは使えませんが、自宅では勉強だと思って、いろいろ試してみています。最近はつくばの「ろばの家」で見つけた、「オーリオ・ディ・オリーヴァ　エクストラヴェルジネ」というトスカーナ地方のオリーブオイルや、「堀内製油」の「地あぶら」がおいしかったです。調味料さえいいものであれば、あとは新鮮な素材をシンプルに調理するだけで、充分おいしい料理が作れます。

食べ物の仕事をしていますが、食に関して決まりやこだわりはなく、「〇〇でなければ」「〇〇せねば」というルールもありません。正しさを主張するのは怖いことだと思っていて、それよりも、そのとき「面白い」と思ったものを採用したい気持ちのほうが強いです。

Q6

身体のメンテナンスで、心掛けていることはありますか？

A

これからキックボクシングを始めたいと考えています。運動不足で、年齢的にも代謝力が落ちてきており、「何かやりたいな」と思ったときに、少し激しいものが楽しいように思えて。運動することで、身体を整えられたらと。

整体は定期的に通っていて、デイリーケアとスペシャルケアを使い分けています。デイリーのほうはご近所の整体院、スペシャルは、骨盤ナビゲーターの菅沼きわこさんが主宰する代々木八幡「nanea（ナネア）」へ。バランスを整えていただけるだけでなく、女性としての自分の身体について、客観的な視点が得られて、面白いです。

料理家
藤原奈緒

Q7

「ものを持つ量」に自分なりのルールはありますか？

A

わりと最近まで、「必要以上のものを持つ」という状況がなかったです。というのは、20代から30代にかけては、収入が少なかったし、ものに興味もなく、経験できることや仕事にしかエネルギーが向かわなかったからです。けれどもこの数年、つくることを生業にしている人が周囲に増え、「買って使わないと分からないことが一杯あるな」と気づいて。「今は勉強期間」と、器や洋服も、どんどん買っています（笑）。

Q8

人づき合いで心掛けていることは何ですか？

A

無理に人に好かれようとしないこと、ちょうどいい距離感を探すこと。好かれようと思うあまり、思ってもいないことや、意味のない言葉を発することが苦手です。素の自分を出していて、それでも好かれるのは、もちろんうれしいです（笑）。

人間関係で悩んだときも、もし私が神さまや鳥のような高い視点で見ることができたら、相手のいい部分も悪い部分も、差がなく感じられるように思います。欠点も、クローズアップすると気になるけど、遠くから見れば長所と差がなかったりしますよね。もともとは、好きな人に対しては距離を詰めがちなタイプですが、それで失敗した過去もあり（笑）、ほどよい距離感を保つことの大切さを感じるようになりました。

Q9
落ち込んだとき、自分をどのように励ましますか？

A
よく落ち込みます。そういうときは、ひたすら眠ります。起きていると無駄に悩んでしまうので、早く寝て、自然に目が覚めるまで寝ます。そして自分で自分に対し、「大事にされているな」と思うことをする。気持ちが上がる服を着る、いつもよりていねいにごはんを作る、いい香りのボディケア製品や肌ざわりのいいパジャマを買う、などなど。気持ちを素直に出せる人にも甘えます。そして無理に「元気になろう」と思わない。自分を大切にしていくうちに、自然に元気が出てくるのを待ちます。

Q10
仕事をしたくない、それでもやらなくてはいけないとき、どうしていますか？

A
ギリギリまでしないです。コツコツではなく、一気にガッとやるタイプです。「終わったら、今欲しいあれを買おう」「ちょっと特別な外食のお店に、来週予約を入れよう」といった、ご褒美を考えたりして、それでモチベーションを上げることもあります。

岡本《おかもと》典子《のりこ》

花生師

東京都生まれ。恵泉女学園短期大学園芸生活学科卒業後、英国留学。帰国後「ゴトウフローリスト」勤務、「アイ・スタイラーズ」の立ち上げを経て、独立。２０１５年にアトリエ「Tiny N Abri」をオープン。テレビ・雑誌・広告・教室・イベント出店など多方面で活躍中。

みずみずしい葉の中にカサッとした花を入れたり、流線形の葉の中にコロンと丸い実を効かせてみたり。
質感のメリハリを意識することで、豊かな表情を生み出す。

標本のように額飾りにした作品。

ドライになった花や葉は、アンティーク雑貨のように、インテリアになじみやすいそう。

好きな花材は、ドライになっても魅力的なものが多い。

花にふれる岡本さんの手元には迷いがない。
リズミカルに花材を束ねていくと、あっという間に魅力的なアレンジメントが完成。
花の仕事は、この花材選びが８割を決めるそう。

アトリエに置いている仕事道具は、
使い込むうちに味わいが出たものばかり。

自宅にも、仕事場であるアトリエにも、たくさんのドライフラワーが飾られている。
「ドライは花瓶にささなくていいぶん、飾り方も自由自在で、いろんな可能性が楽しめます」

デンマークの花の芸術家、
ターゲ・アンデルセンの作品集。
花だけでなく、インテリアや調度品も含めた
トータルな世界観をつくり上げていて、
英国留学中によく眺めていた１冊。

ひとり暮らしをしていたときに、部屋の壁に貼ったり、よくページを眺めたりしていたという、
レザーブランド「アンリークイール」のカタログとポスター。

花生師
岡本典子

岡本典子さんの著書『花生活のたね』は、「花1本から始めよう」というメッセージからスタートします。そこでは、岡本さんが初めてフラワーショップを任されたとき、「花束が作りにくい」との理由から市場ではB級品とされている、茎が曲がった花をたくさん仕入れたエピソードを紹介しています。曲がっているほうが飾ったときに動きが出るし、何より自然に近い姿で愛らしい。1本の花でもたくさんの発見があり、心と暮らしを豊かに潤してくれる存在であることが綴られています。

一方で、岡本さんの手掛ける花の作品は、いつもどこかしらドラマティック。新しいのになつかしい、清楚なのに艶やか、可憐なのにちょっぴり毒もある。相反する要素が絶妙なバランスで共存しており、見る人をはっとさせる不思議なパワーにあふれています。

海外有名ブランドのシークレットパーティでは、70メートルに及ぶ大テーブルにインスタレーションのように花を飾ったり、つくり手が集う一大イベント「もみじ市」では、女性の頭を花器に見立て、「頭に花を生ける」というユニークな試みを行ったり。暮らしに寄り添う1輪の花の魅力を語ると同時に、限りなくアートに近い花を見せてくれる。その表現の幅広さには、驚くばかりです。

海外に憧れた青春時代

子どものころから長くダンスを習っていて、「将来はダンサーに」と夢見る少女だったという岡本さん。それと同時に、早いうちから「いつか海外で暮らしたい！」という願望も強かったそう。

「若いころにありがちな勘違いなのですが、『日本は、ダサいな』とずっと思っていたんです(笑)。街並みを見ると建物はバラバラだし、空を見上げれば電線が走っていて、雑多でまとまりのない風景で。ところが本や雑誌を見れば、アメリカやヨーロッパには夢のように美しい空間がたくさんある。その夢の空間の住人になりたいと思っていたのです」

高校卒業後の進学を考えるにあたり、岡本さんはお母さまから思いがけないアドバイスをもらいます。「踊りの世界は素晴らしいけど、一生ダンスだけで食べていくのは大変なこと。ダンスも続けながら、一度別の世界にも目を向けてみてはどう？　たとえばあなたは植物が好きじゃない？」

その言葉を聞いたとき、岡本さんの脳裏に浮かんだのは、母方のお祖父さまの家にあった菜園の風景でした。ハットに葉巻、戦後間もなくから「家に和室はいらない」と主張、ハイカラで抜群のセンスを持っていたお祖父さま。彼が丹精したその場所は、さまざまな野菜や花、木々が豊かに生い茂り、まるで絵本の中に登場する、楽園のような空間だったそう。さらにお母さまも植物好きで、実家の庭は四季折々の草花が育ち、子どものころからそれらに囲まれていることが当たり前の生活だったそう。

「確かに自分には、植物がない暮らしは考えられない」……そう気づかされて、園芸科のある短大に進学します。短大でも自主的にサークルをつくるほどダンスは好きで続けていましたが、花と植物の世界にもどっぷりのめり込むようになりました。「ダンスを辞めなさい」ではなく、「別の可能性にも目を向けてみたら？」という、お母さまの導きが功を奏したのでしょう。卒業後はダンスではなく、花で留学することになりました。行き先はイギリスです。

当初は語学力で苦労したものの、海を渡っても岡本さんの花への情熱は高まるばかり。そして初めて応募したフラワーコンペティションでは、何と優勝！　当初からその才能の片鱗をのぞかせていて、外国人には難しいとされる国家技能資格の上級を取得するなど、エネルギッシュに活動を続けていました。

「研修を受けさせてほしいと思う花屋に行っても、言葉がおぼつかない東洋人の小娘なので、『ノー』と断られました。けれども賞を取ったあとは『今なら、いいわよ』と逆に声をかけられて、『やった！』と心の中でガッツポーズ(笑)。入賞のニュースがカレッジ新聞に掲載されて、それを見た駐在員の奥さんから『お花を教えてほしい』とレッスンの申し込みが来たり、イギリス人の知り合いから『うちの娘が結婚するから、あなたの花でウエディング一式をお願いしたい』と声がかかったりして、当時からいろんなことをしていました」

まだ20代前半、経験もなくレッスンやウエディングの仕事を引き受けたことに驚きますが、「怖いもの知らずだったから」と笑います。「やりたい！」と思ったら、すでに動いている。そんな気質が海の向こうでも、存分に花開いた様子。さらに英国滞在中に、忘れられないエピソードがあると話してくれました。

「日本から友人が訪ねてくれて、一緒に車でコッツウォルズ地方を旅したときのこと。無計画な旅行で、飛び込みで宿を探せるかと思ったら、日が暮れてどんどん暗くなってきて。庭先にいたマダムに『この近くに宿はありますか？』と尋ねたら、『何を言っているの？　もうこんな時間は、受け付けも終わっているわよ。よかったら私の家に泊まりなさい』と、自宅に招き入れてくれたのです」

築100年以上と思われるその家は、石の床に暖炉があり、庭先で摘んだ花が室内をさりげなく、それでいてとても豊かに空間を彩っていました。そして摘んだばかりのハーブでお茶を入れ、手作りの焼き菓子でおもてなしをしてくれたのです。「それを見たとき、『コレ、コレ！　私がやりたいのはコレ！』と、強く確信したんです」

コンペティションなどで「作品」と認められるような花は少し特殊で、私たちの生活とはどこか切り離された存在です。それよりも普段の暮らしの中で、もっと自然に寄り添い、一緒に呼吸しているような、花や植物の魅力を伝えていきたい。誰かのためではなく、自分自身の暮らしを彩る花を。偶然出会った英国婦人の暮らしぶりが、岡本さんのその後に大きな影響を与えたのです。

自分自身のために花を

日本に帰国した岡本さんは、六本木の老舗花店「ゴトウフローリスト」に就職し、やがて青山にオープンするインテリアショップ「アイ・スタイラーズ」の立ち上げに参加、その花部門の責任者に抜擢されます。花屋でありながら、具体的な生活シーン、ライフスタイルと結びつけて花を提案できる。岡本さんが思い描く「暮らしの中の花」を、まさに実現する仕事となりました。

「この時期よく言っていたのは『誰かのための5000円、1万円のブーケよりも、ご自身のための500円、1000円の花を日常的に買ってほしい』という言葉でした。生活空間に、自分のための1輪の花、1株の植物があることで、どれだけ助けられることか。そしてそれがどんなに豊かでうれしいことかを、必死に伝えていました」

冒頭のB級品の花に戻ります。いろんな花器に茎の曲がった花を生け、それをお客さまの目に留まらせるのは、岡本さんのセンスのなせる技。「見てくださいこの花、この方向から見るのと、こちらの方向から見るのと(花器を動かしながら)、どっちが可愛いですか？　こっちも可愛いですよね？」。そんな岡本さんの熱心なトークに、「熱い、暑い！　岡本さん、1本の花を売るのに、何分かけているんですか！」と、常連さんに突っ込まれるほどだったそう。

「好き」は大きなパワー

その後岡本さんは独立し、二子玉川に自らのショップ「Tiny N」を構えましたが、公私ともにやりたいことを実現させるため、その数年後、お店というかたちはいったんお休みを。家族と過ごす時間を増やしつつ、お店をしながらでは難しかった仕事をスタートさせます。２０１５年には三軒茶屋にアトリエ「Tiny N Abri」をオープン。この場所で書籍や雑誌、広告などの制作活動を行いつつ、フラワーレッスンも開始。婚礼や展示会、パーティの装花、イベント出店など、怒涛の活躍が始まりました。花に携わる人の多くが専門分野を持つ中で、岡本さんは分野を限定することなく、幅広く活動を続けています。なぜ多くの人が専門を持つかと言えば、そのほうがロスがなくて効率がよく、仕事の見通しも立つから。

「でも私は、まだまだ勉強することがたくさんあると感じているし、それぞれの仕事にやりがいや楽しさがあります。何かに特化するのではなく、私は『花の専門』。そんな意識で続けていきたいと考えました」

仕事に関する苦労を聞くと「苦労していると思えば、ずっと苦労しているようなもの」「苦労を苦労と思わないタイプだからなあ」と、笑う岡本さん。花材の仕入れで夜明け前に家を出るのは当たり前、展示の撤収作業が夜中までかかることもザラ。先日も広告で2日連続徹夜（！）、２０００本もの花を生ける（！）仕事を行ったそう。

「頭がおかしくなるほど大変な状況でしたけど、その反面、その中でじわじわと、『こんなにたくさんの花に囲まれて、大きな仕事を任せられている』と、しあわせをかみしめている自分がいた」と、振り返ります。

「好き」のパワーは、常識では測れないほどのエネルギーを生み出します。岡本さんの話を伺っていると、そのことに納得してしまいます。

自分に仕事を任せてくれたからには、「絶対にいいもの」を提供したい。たとえばアレンジメントを作るとき、あと1種類の花を買うと、完全に予算オーバー。けれど入れるか入れないかで大違いだったら、「入れない」という選択肢はない。いいと思ったものを提供しないでお金だけ潤っても、もやもやが残ってしまう。長い間ずっと、そういう姿勢で仕事を続けてきた岡本さん。商売として計算すると、常にきびしい状況だったそうですが、ようやく最近、経済的にもそのがんばりが戻ってきているような感じだと言います。

「暮らしに花を」。岡本さんのメッセージは、さまざまなかたちをとって伝えられてきました。他方、最近は「非日常」の花の仕事も増えてきました。そしていつか、舞台美術や美術展の会場装花など、「夢の空間」を花で彩るような仕事もしていきたいと思うようになったと言います。

「舞台に上がることが夢だった、少女のころの思いがムクムクとよみがえってきているのかもしれませんね（笑）。暮らしに添う、ありのままの花の魅力を伝えたい一方で、ある種特殊な空間で、花の力、美しさを最大限に魅せていくことにも興味が出てきたんです」

ふたつの相反する要素が共存するのは、岡本さんの花の魅力。こんな夢の話も、すぐに実現してしまいそうな予感です。今後どんな新しい花の世界を見せてくれるのか、今から楽しみでなりません。

Q1
装いについてのこだわりを教えてください。

A
ダンスをしていたときに、舞台の上でダンサーが美しく見えるかどうか、その踊りが映えるかどうかに、髪型がすごく重要だと言われたのが印象に残っています。以来トータルで装いを考えるときに、髪をきちんときれいにしておきたいと強く意識するようになりました。一時期帽子にはまった時期があったのですが、本当におしゃれな方は、帽子を脱いだときに現れるヘアスタイルも、きちんと整えておくのだなと気づきました。

職業的に、手のまわりにはアクセサリーをすることはできないのですが、ピアスをつけて、気分を上げるようにしています。

Q2
これは欠かせない、大切にしているという生活道具はありますか？

A
道具……というと、特に思いつかないのですが、とにかくよく使うのは水ですね。花や植物にもよくあげるし、家で飲む水分は、基本的に水です(笑)。ジュースやコーヒーを飲んでも、そのあとに水を飲むと「やっぱりおいしいな」と思うし、リセットできます。

あとはほうきでしょうか。植物の葉っぱや枝など、掃除機では対応できないごみが多いので、家でもアトリエでもほうきがないと始まりません。

花生師
岡本典子

Q3
休みの日は、
何をしますか？

A
じっとしていないですね。たとえ仕事ですごく疲れていても、キャンプに出掛けたり、子どもたちが行きたい場所に出掛けたりします。キャンプって準備を考えると、プチ引っ越しのようでいろいろ面倒だし、「家でゴロゴロしていたい」とか考えたりもするんですが、なぜでしょうね（笑）。たぶん仕事の日と、休みの日の境があまりないタイプだと思います。まわりから「疲れているでしょう」「大変ね」と言われて初めて、「疲れているのかも」と気づくくらいで、人から見ると大変な仕事をしていても、自分ではまるで遊んでいるみたいに、しあわせな気分になっていたりします。独身のころは仕事と休日の切り替えができずに、イライラすることもありましたが、今はそうでないことを逆に楽しめている感じがします。

Q4
毎日欠かさずに
行っている習慣を
教えてください。

A
朝起きると、暑くても寒くても必ず窓を開けて換気をし、植物の世話をします。完璧を求めるとどこまでも手をかけられてしまうので、時間がないときは花瓶の水を換えるだけ、切り口を切り戻すだけとか、最少限のことを行います。

Q5
食生活で
心掛けていることは
ありますか？

A
友人に、自然栽培を中心とした野菜を定期的に宅配をしている「青果ミコト屋」や、在来種固定種を守るための野菜販売などを行っている「warmerwarmer」がいたりする影響で、野菜はできる限り、つくり手が分かるものを食べるようにしています。届いた野菜たちは元気で勢いがあって、食べているだけでも元気をもらえます。

そしてやれる範囲で、加工食品やでき合いのおかずは買わずに、料理は手作りするように心掛けています。

Q6
身体の
メンテナンスで、
心掛けていることは
ありますか？

A
自分にとって、植物、朝日、鳥のさえずりが3つの大切なエネルギー源。それらにできるだけ毎日ふれるようにしています。そして深呼吸。ダンスをしていたので、呼吸に関しては、普段からわりと意識的だと思います。

植物が二酸化炭素を吸い、酸素を吐き出してくれて、人間や動物の呼吸と循環して成り立っている。その関係を考えると偉大すぎて（笑）、植物に感謝の気持ちが絶えません。

花生師

岡本典子

Q7

「ものを持つ量」に自分なりのルールはありますか？

A

いまだに試行錯誤中です。もともと間に合わせでものを買ったりしないし、愛着が持てないようなものは手に入れたいと思わないタイプです。それでもものは増えていくので……どうやって手放していいのか、悩みます。花に関しては、いちばんいいかたちを活かすために、余計な花や枝を落とすことに躊躇はないんですけど(笑)、ものについては悩みます。母が捨て上手で、1年袖を通さない服は潔く手放したり、「季節ごとに上3着、下3着あればいいのよ」とよく口にしていました。そのぶん、ずっと大切なものは、金継ぎしたり、手直ししたりして使い続ける。身内にいいお手本がいるのに、なかなかその領域に達せません。

Q8

人づき合いで心掛けていることは何ですか？

A

好きな相手でも、つき合ううちに嫌な部分、理解できない部分が見えたりしますが、「そういうところもあるよね」と、いいようにとらえるようにしています。自分自身が完璧ではないのだから、人とのつき合いの中で「いいあきらめ」を持つようにしています。子育てでもそうですが、人をコントロールしようとしても、いいことはないと思っています。

Q9

落ち込んだとき、自分をどのように励ましますか？

A

気持ちを切り替えます。そういう呪文を自分自身にかけます。たとえば悩むことで、答えが出ることなら悩みますが、落ち込んだところで事実が変えられないのであれば、もう切り替えるしかなく、「今から何ができるか」という方向に向かうにつきると思います。

口角を上げることで、気分やまわりの空気も変わっていくので、たとえ心の中がもやもやしていても、口角を上げるようにしています。

Q10

仕事をしたくない、それでもやらなくてはいけないとき、どうしていますか？

A

その日にやらなくていい仕事でしたら、「やらない」という選択肢もあるかもしれませんが、私の仕事は生ものを相手にしているので、「やる気がしない」というのは許されない状況がほとんど。なので、やります(笑)。以前は「もっと前もって準備しよう」という気持ちもあったのですが、準備すればするほど空回ることも多く、即興のほうが力を発揮できる体質だと気づきました。自分の武器は、ライブ感とスピード。その武器が最大限に発揮できるように、心身を整えるようにしています。

上杉《うえすぎ》浩子《ひろこ》

織作家

茨城県生まれ。旅行雑誌の編集部を経て、フリーランスの編集者・ライターとして独立。数々の書籍に携わる。東京「清野工房」でホームスパンを学び、2010年より「hou homespun」の名義で制作を開始。個展を中心に、作品を発表している。

2010年に開催した最初の展覧会のために作ったストール。
大判なので価格も高価となり、最後まで売れずに残ってしまったけれど、個人的にいちばん好きで、
手元に残すことに。

「メリノ」「ブルーフェイスレスター」「シェットランド」という3種の羊毛を混紡した糸で織ったストール。
やわらかさや弾力など、目指す質感によって、混紡の割合を調整しているそう。

緯糸（よこいと）に撚りをかけていない
「へび糸」という太い糸を使っているため、
両端がまるでフリルのようになったミニマフラー。
重くなりがちな冬の装いを明るく彩ってくれる。

手染め・手紡ぎ・手織りで作られる上杉さんの作品。
羊毛はそれぞれ品種や個体によって性質が違い、個性もある。
糸を紡いだあと、それぞれにふさわしい織り方を考える。

アメリカの美術家、バーネット・ニューマンの版画集と、そこからインスパイアされた作品。
「陶芸家の方は古い器になぞらえたものを制作する『写し』をしますが、
私はそれをマフラーでやってみようと思ったんです」

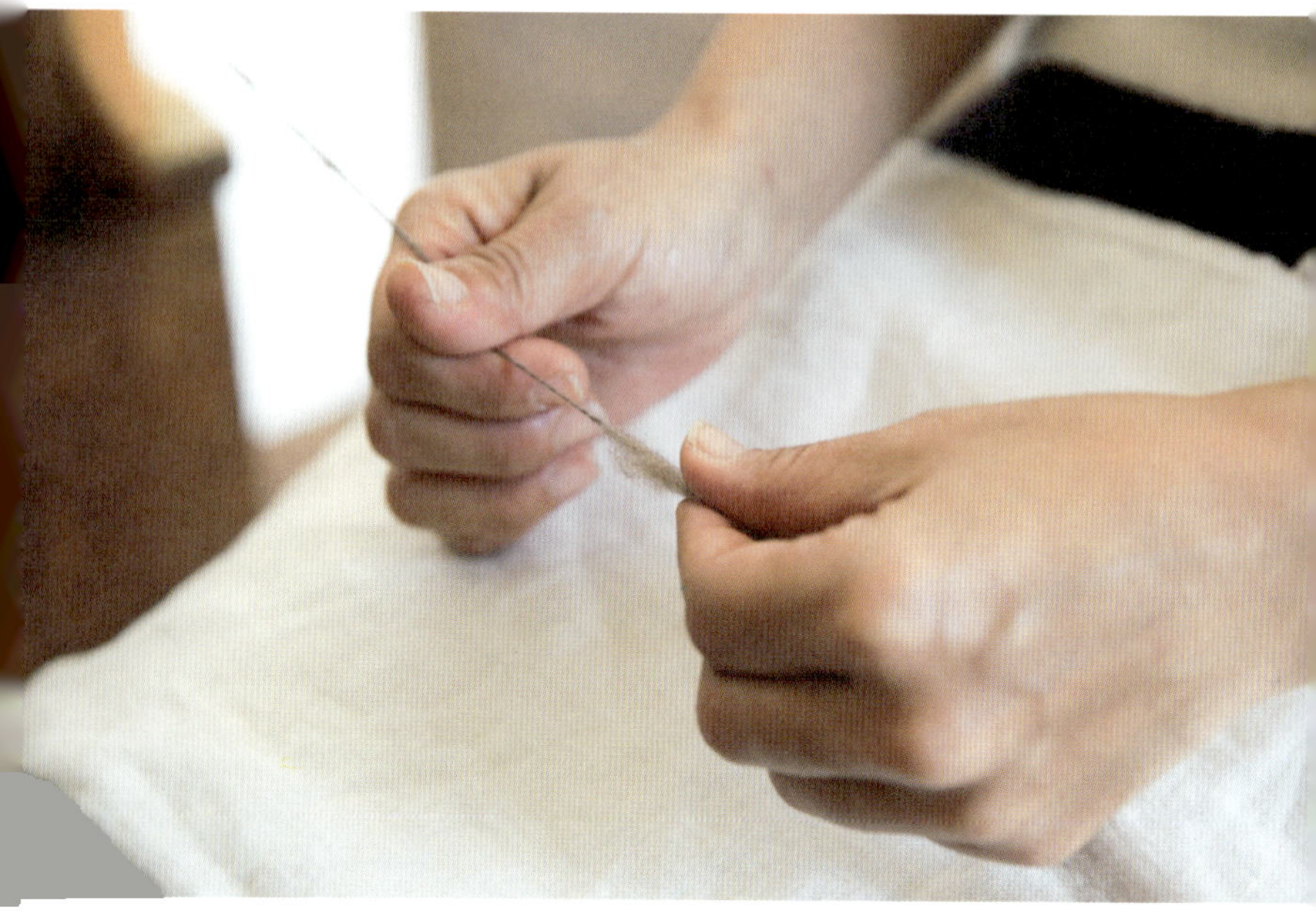

手洗いし、カード機でほぐした羊毛を、
紡毛機にかけて糸にしていく。
指先の微妙な加減によって、太くなったり細くなったり、
糸の風合いが変化する。

ホームスパンを始めたころに、
古道具屋で発見した
「座繰（ざぐり）」（左）と「かせかけ」（右）。
これらの道具を使って、
糸車に糸を巻きつけていく。

愛用する織機は、ホームスパンを習った「清野工房」のオリジナル。
織り手の立場から考案されている機は使い勝手が抜群で、効率が良いのだそう。

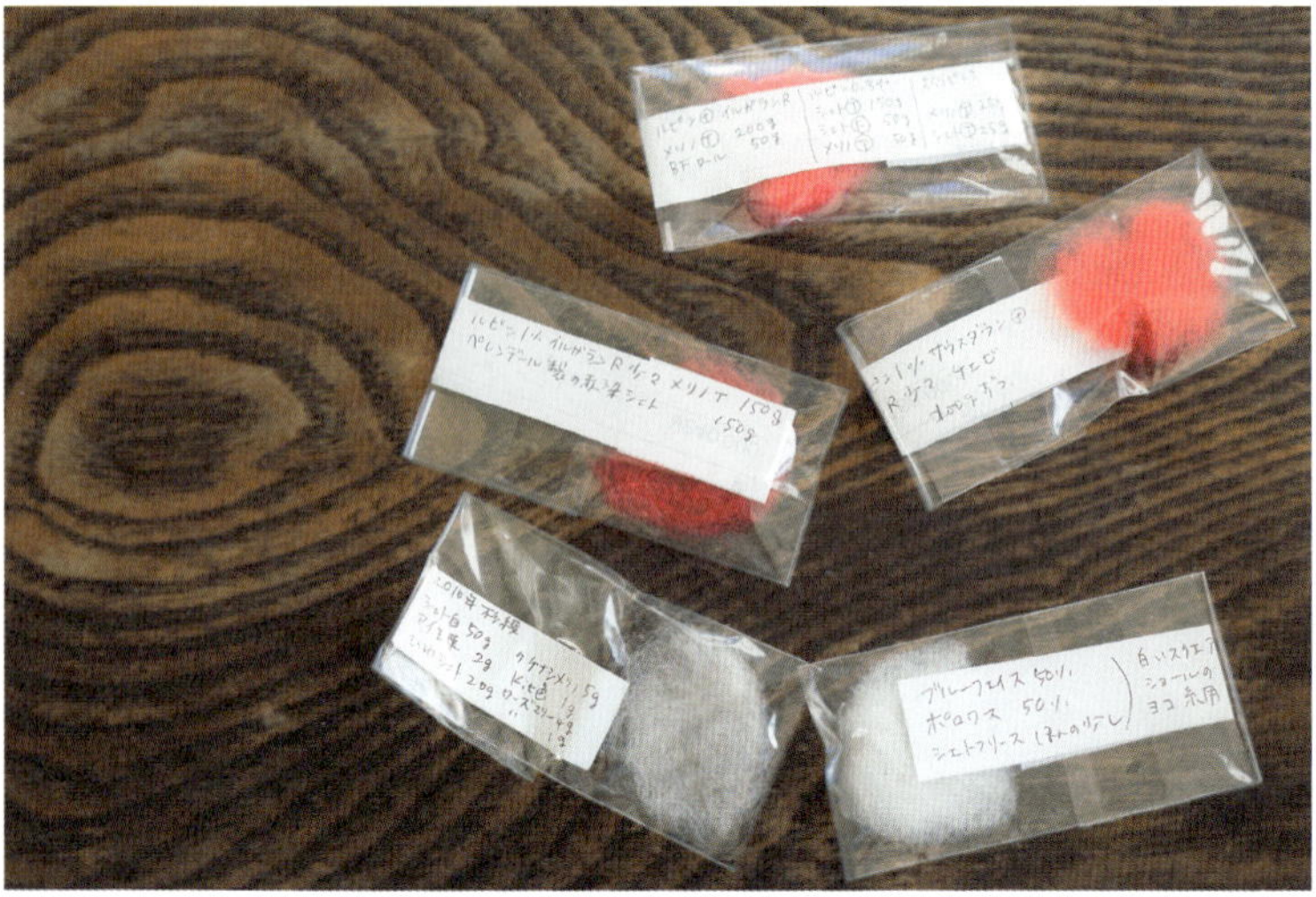

どの品種の羊毛をどの割合で混ぜたか、何を使って染めたかを記録したサンプル。

学生時代は渋谷の映画館・配給会社
「ユーロスペース」でアルバイトをする
映画少女だった。
フランスの映画監督、レオス・カラックスは
制作活動に大きな影響を与えてくれた存在。

上杉さんの元気の素・愛犬のラング。
「朝晩の散歩で、この子と一緒に1日3キロは歩くので、
足腰が鍛えられる。
座り仕事の多い中で、
それが健康の秘訣になっているのかも」

織作家
上杉浩子

「ホームスパン」という単語は耳にしたことがあっても、その内容を詳しく説明できる人は、多くはないかもしれません。家（home）で紡ぐ（spun）という言葉の通り、もともとは英国の羊毛農家が、羊の毛を自家用に紡ぎ、織ったものが始まり。羊の原毛を染料を使って染め（あるいはそのままの色味を活かし）、紡いで糸を作り、織機を使って布状に織り上げることを言います。

手染め・手紡ぎ・手織り……つまりは、すべての工程がハンドメイド。完成までに実に多くの時間と手間がかかるぶん、機械で織ったものにはないゆらぎや個性が生まれ、ふたつとない織り物ができ上がります。

上杉浩子さんの作品作りは、海外から届いた羊の原毛からゴミを取り、洗いをかけることからスタートします。

「ケモノの毛だから皮脂や糞などがこびりついていたりして、洗うのは結構大変なんですよ（笑）。洗った毛をほぐして、必要があれば染めて。染め終わった原毛は『カード機』という機械に掛け、紡ぎやすいように均一にほぐします」

ほぐされた羊毛は紡毛機《ぼうもう》に掛けて、糸に。指の押さえ方や引き具合で撚《よ》りの加減を変えることによって、糸の太さも変わります。ちなみに機械で作るニットの多くは、「双糸」と呼ばれる2本以上の糸を撚り合わせた糸を使いますが、ホームスパンは「単糸」で織るため、糸の間にたくさん空気が含まれます。上杉さんのマフラーが軽いのにとてもあたたかなのは、そんなところに理由があるのです。

撚り終えた糸は蒸して整え、「座繰《ざぐり》」と「かせかけ」と呼ばれる道具を使って、糸車に巻きつけます。さらに、経糸《たていと》を作る整経や柄を決める綜絖《そうこう》通しといった機《はた》に糸をセッティングするまでの前作業にも時間がかかります。テレビなどで、カシャンカシャンと機織りをする様子を目にしたことがあると思いますが、その前段階の、準備の部分のほうに手間がかかるそう。

「ホームスパンを始めた当初は私も、使う道具の多さにびっくりしました。『何でコレが必要なの？』『他のもので代用できないの？』と疑問に思っていましたが、いざ始めてみると、どれも欠かせない理由があるんですね。そして時代とともに改良はされているものの、基本的な仕組みは、織機が発明されてからほとんど変わっていない。それってすごいことだなあ……と、改めて思います」

織り終わり機から外したあとは、お湯の中で踏んだりもんだりの「縮絨《しゅくじゅう》」作業。これがまた辛くて気合いのいる工程だそうですが、それまでバラバラだった経糸と緯糸《よこいと》が、ポン！　と立ちあがって「1枚の布」になる瞬間が最後に訪れます。上杉さんにとってはそれが、何よりいちばんうれしくて、「今までの苦労がむくわれた！」と思う感動的な瞬間なのだそうです。

駆け足で織り物ができるまでを説明しましたが、文字だけでも、大変さが伝わるのではないでしょうか。そしてホームスパン作品がなぜ高価になるのか、その理由も分かってもらえることでしょう。

20代は大手企業で、旅行雑誌の編集の仕事をしていた上杉さん。退職後はしばらくフリーランスで仕事をしていましたが、2004年に友人と岩手県を旅行したときに、ホームスパンの体験教室に参加しました。

上手くできなくてもやってみたい

「小学校では手芸部の部長で、『自分は手先が器用』と思い込んでいましたが、原毛を洗って染めて、紡いで織って、マフラーを3日間で完成させるというスパルタコースを前に、あまりの自分のできなさ具合にびっくり。でも妙に後《あと》を引いて、『くやしい、もっとちゃんとやりたい』『この先にあるものを、もっと知りたい』と思ってしまったんです」

上杉さんが特に苦労したのは、「糸作り」の部分。織りの作業は、順を踏んで覚えていけば、何とかかたちになるものの、「紡ぎ」に関しては、言葉では説明不可能。指先のちょっとしたバランスで出来が変わるので、自転車に乗るのと同じように、とにかく場数を踏んで、身体に感覚をたたき込むしかありません。

作家になった今も、上杉さんがいちばん大切に考えているのは、この「糸作り」

なのだとか。どうしたら魅力的な糸を作れるか、その糸をいちばん活かすかたちは何か。すべての制作は、そこからスタートするそうです。

東京の自宅に戻って調べてみたら、「織り」はともかく、「ホームスパン」の工程すべてを教えてくれる場所はなかなかありません。そんな中『別冊太陽　大人の教室』を手にしたところ、「ここに通ってみたい！」と思える工房を発見。何とその「清野工房」は、偶然にも家から徒歩10分の距離のご近所でした。

早速電話をかけ、工房見学をさせてもらったものの、全国から生徒が集まる人気工房だったため、そのときは満員。空きが出るまで半年ほど順番待ちをすることになりました。そこで「待っている間にもできそう」と、隣町の原毛を販売しているお店に足を運び、そこに並ぶさまざまな原毛を50gずつ購入して、毛糸を紡ぐことを始めてみたのです。

自称「オタク体質」、とことん掘り下げていくタイプの上杉さん。原毛の種類によって、手ざわりや風合いが違うことに驚き、羊毛の世界に魅せられていきます。

「メリノ種はエレガントで繊細、ふっくらやさしい感触。ブルーフェイスレスター種は編み物界では『ニットの貴公子』なんて呼ばれていて、むっちりとした弾力とツヤが魅力。シェットランド種はやんちゃな感じで、ツンツンと張りのある毛が、丈夫であたたかい。人気のカシミアは軽くてやわらかいけど、ややふくらみに欠けるところがある。そこへ羊毛を加えたりして調整してあげると、それぞれが補いあって、素晴らしい感触になったりするのです」

最初は「苦手だな」「仲良くなるのが難しいな」と感じる品種でも、ブレンド具合や紡ぎ方などによって、どんどん近づいていって、寄り添える感覚が生まれてくる。何より羊は動物なので同じものはふたつとなく、栄養状態や性別、年齢によっても感触はまったく変わります。やればやるほど「果てがなく、終わりがない楽しみ」と感じられたそう。

やがて「清野工房」に空きが出て、通い始めることとなりました。とはいうものの、通えるのは月に1回、台数の関係で、機に向き合えるのは半年に1回程度。

より熱心に制作を行うためには、自宅でどこまで道具を揃えるかが問題となります。機はかなり高価で、家の中で大きなスペースを占有してしまうもの。そんなとき、イラストレーターとして活躍する夫の上杉忠弘さんがひとこと。「道具を買ってもいいけど、買うなら、きちんと仕事にしなよ」

「その言葉でスイッチが入りました。それまでは漠然と、ただ作りたいだけで、作家になりたいとは全然考えていなかったのですが、『どうしよう、どうにか仕事にしなきゃ！』と切り替わって(笑)。その言葉がなければもしかして、今でも大がかりな趣味のままで終わっていたかもしれません」

「好き」を仕事にする覚悟

ホームスパンをしながらも、フリーで編集の仕事は続けていた上杉さん。手掛けたレシピ本の出版記念イベントで、京都の人気書店「恵文社一乗寺店」を訪れたときのこと。首に巻いていた自作のストールが、当時副店長でありギャラリー部門を仕切っていた槻木知佳子さん（現在は京都の生活道具店「kit」店主）の目に留まり、「うちで展示をやりませんか？」とお声がかかりました。それが作家としてのデビューとなり、初回の展示で作品は何とほぼ完売。以来おおよそ1年に1回、京都での個展が定例となっていくのです。

「教室のベテラン生徒さんとくらべても下手でしたし、『本当に私でいいの？』という感じでした。でもここで、『私なんか、まだまだ』と遠慮して、せっかくのチャンスを無駄にするのはもったいない。やらずに後悔するよりも、やるだけやってみよう。もし失敗して作品が売れなくても、何がダメだったのかを振り返ればいいいと思ったんです」

学生時代は筋金入りの映画少女だったという上杉さんが「ものづくり」で影響を受けたのは、映画『汚れた血』『ポンヌフの恋人』などで知られるレオス・カラックス。パリに旅行で訪れた際、日本蕎麦屋さんで偶然見かけて話をしたり、映画『ポーラX』のプレス試写会でサインをしてもらったこともあるそう。

織作家
上杉浩子

「私にとってカラックスは、『見たことないものを、見せてくれる人』。それは突飛なものをつくるという意味ではなく、『やりつくされていたと思うジャンルに、こんな手があったのか』『日常の何気ない風景の中に、こんな美しさやきらめきがあったのか』という風に、見慣れた世界に、生き生きとした新しい視点をもたらしてくれる人ということなんです」

どんな人も「私はこういう人間だから」と、知らず知らずのうちに自分自身を限定していることがあります。それを個性としてとらえることもできますが、たとえば洋服の着こなしで「私に似合う色はこれ」と決めつけていても、他人から見たら別の色が似合っているケースもあります。それを試してみるか試さないかは、本人次第。

「決めつけ」はつまらない。見慣れた日常の中でも、新しい世界を見てみたい。上杉さんは「やるかやらないか」の選択肢が与えられたら常に、「やってみよう」と思う側でいたいと考えているそうです。そしてただシンプルな1枚の布だと思われている織り物に、上杉さんは無限の可能性を感じ、カラックスの映画のように、新しいきらめきを感じさせる作品を作るのが目標なのだそう。

つくることで「伝える」

上杉さんが長く携わってきた編集という職業は、著者と関わり、「どうしたらその人が存分に輝けるか」を常に考える仕事。ホームスパンに関しても、その感覚は知らず知らずのうちに活かされていた模様です。

「自分が作ったものには愛着があるので、それぞれが可愛くて仕方ないのです。だからこそ、ひとつひとつをどう素敵に見せるか、輝かせるか。たとえば個展のDMの写真も、撮り方などをすごく考えます。誰かのために『可愛くてあたたかい、最高のもの』を用意したい。それが最も重要で、つくり手である私は、あくまで裏方ですから」

また、ホームスパンというジャンルについても、常に「伝える」ということを意識しているそう。というのも、制作工程の中で特に、「手紡ぎ」の作業はやる人が少なくなっており、絶滅の可能性がある技術。事実、ホームスパン発祥の地・イギリスではすでに、手紡ぎを行う人はほとんどいないそう。ホームスパンの作品は、「あまりにも軽くて、つけているのを忘れていた」と言う人もいるほど。世の中にこういう織り物があることを、頭ではなく、身体で知ってほしい。今後はホームスパンの素晴らしさについて伝え、残していく仕事も、少しずつしていきたいと考えるようになりました。

「世界中の手仕事が直面する問題ですが、技術は一度失われてしまったら、取り戻すことは容易ではないのです。手を動かすのは大変ですが、その反面、楽しいからこそ続いてきたと思うのです。手紡ぎも手織りも、本当に楽しいんですよ。そのことを、たくさんの人に知ってもらいたいです。たとえば子どもたちと手紡ぎのワークショップなどもしてみたいですね。心と身体が『楽しい！』と思ったことは、人は必ずやりたくなると思うのです」

Q1

装いについてのこだわりを教えてください。

A

いつも気持ちが上がる服を着たいと思っています。身につけたときに着心地がよく、自分にしっくりはまるもの。選ぶ基準は、心が震えるかどうか、「格好いい！」と思えるかどうか。

「ポール・ハーデン」「dosa」「アーツ&サイエンス」など、好きなブランドやデザイナーがいくつか決まっており、そのものづくりのスタンスには常に尊敬があるので、「間違いないな」と、手にすることが多いです。手掛けるストールやマフラーは、やはり好きなブランドと合わせたときに映えるものを……と考えながら、制作しています。とは言え、巻き物だけが目立つのは本意ではなく、あくまで装いの最後の味付けの役割だと考えています。

Q2

これは欠かせない、大切にしているという生活道具はありますか？

A

何かにしばられることが嫌いで、「これがないと生活できない」というものをできるだけ作りたくないんです。それは家にあるものを大切にしないという意味ではなくて、生きる上で本当に必要なものは身体と命だけだと思っているからかも。ものに関しては、「これがなくても、どうにでもなる」という姿勢でいたいと考えています。

Q3

休みの日は、
何をしますか？

A

週に一度、映画館に足を運び、映画を観るようにしています。家で仕事をしていると、ふと気づいたら365日ずるずるとオンになって、境目がなくなってしまいます。だから今年から、ほんの2~3時間でも、自分のために時間を割こうと決めました。

人によって、感動したり気持ちがゆさぶられるジャンルはそれぞれだと思いますが、私にとっては映画が、自分の核になる部分を刺激してくれるメディアなのだと思います。いい作品を観たときに脳から出るホルモンのようなものが、すべてをリセットしてくれる(笑)。曇った窓ガラスが雨でクリアになるように、脳が掃除できて、次のインスピレーションがわいてくるトリガーになっている気がします。

Q4

毎日欠かさずに
行っている習慣を
教えてください。

A

身支度を終えると、いつも身につけているお守りを手に、太陽のほうに向かって今日も無事に朝を迎えられたことに感謝します。宮崎にある大好きな神社のお守りで、自分を守ってくれる気がしています。

さらに父から譲り受けた「ロレックス」の腕時計のねじを巻きます。20年ほど放っていてひどく錆びてしまったものを、オーバーホールしてもらって、最近使い始めました。娘の私が大学に入り、家のローンも一段落して、人生の山を越えたころに、父がこっそり買っていたもの。一生懸命働き続けた父の時間を、私も引き継いでいこうと大切にしています。

Q5

食生活で心掛けていることはありますか？

A

野菜から食べ始める、いわゆる「ベジ・ファースト」をゆるやかに実践しています。食材や調理法に凝ってはいませんが、「とにかく野菜だけ最初に食べよう」と決めてから、夫もやせて、体調もよさそうです。そして夜はできる限り、炭水化物を取りすぎないようにしています。

Q6

身体のメンテナンスで、心掛けていることはありますか？

A

一時期整体の仕事をしていたこともあるのに、制作に根を詰めると、身体がバリバリになったり痛めたり……「ダメだなあ」といつも反省。とは言え、同じ姿勢を続ける仕事だし、没頭してしまうのは性分なので、なかなか避けられません。鍼灸や整体など、「そこに行くと元気になれる」駆け込み寺のような信頼できる治療家が、何人かいてくれることが幸運です。

織作家
上杉浩子

Q7

「ものを持つ量」に自分なりのルールはありますか？

A

ルールは特にありませんが、「ちょっと持ちすぎているな」「多くなってきたな」と感じたら、必要ないものを捨てていく。30年前の「コムデギャルソン」の服を今でも着るくらい、もの持ちはいいほうです。夫婦揃って、捨てられないタイプだから、家はいつもものに溢れていて、少し困っています(笑)。でも最近は近所に、「子ども食堂」を運営するための基金を集めるバザーをボランティアで行っている方がいて、その方にものを託すことで以前よりも手放しやすくなりました。ただ単に捨てるのは気が引けますが、誰かの役立つところに行くと考えれば、出しやすいです。

Q8

人づき合いで心掛けていることは何ですか？

A

「袖振り合うも多生の縁」ということわざの通り、どんなご縁にも何らかの意味があると思います。何があっても他人のせいにしないこと、どんなときでも、敬意と感謝を忘れずにいられるように、と心掛けています。

Q9

落ち込んだとき、自分をどのように励ましますか？

A

本当に辛いときは信頼できる友人に話を聞いてもらいます。「何甘えているの！」とピシャリときびしいことを言ってくれる人もいれば、ただ黙ってそばに寄り添ってくれる人もいる。そんな友人たちがいるだけで、本当に奇跡のようにありがたいといつも思っています。

そういう意味では、夫も最高の友人です。彼のアドバイスはいつも的確で、進むべき方向をしっかり照らしてくれる存在です。

Q10

仕事をしたくない、それでもやらなくてはいけないとき、どうしていますか？

A

とりあえず手を動かしてみて、でも上手く行きそうにないときは、次の日2倍大変になったとしても、思い切って仕事は止めます。そういう日は、いいものが作れないことを経験的に知っているからです。本を読んだり、庭をいじったり、そのときいちばん「しっくりくる」ことをやるようにしています。幸いなことに、個展前など、本当にやらなくてはいけない状況のときはいつも、何十時間でも織っていたい、ランナーズハイのような状態になっています。逆に仕事をしたいのを止めなくてはいけないような状況なので、そういう悩みは生まれません（笑）。

星《ほし》 芽生《めおみ》

ジュエリーデザイナー

東京都生まれ。多摩美術大学グラフィックデザイン学科卒業後、2000年より「コクメオミ(coqumeomi)」としてフリーでアクセサリーブランドを始め、作品を発表。2011年よりディレクターの吉田直子とともに「シュオ(shuó)」をスタート。

２色のちりめんを組み合わせたモダンな印象の袱紗（ふくさ）は、慶弔両用でふっくらとした手ざわり。
数珠は天然石などを使用しており、シルクのタッセルとの配色も美しい。

その人のキャラクターや服装に寄り添い、
重ねづけや組み合わせによって、いろんな表情が生まれるジュエリーの数々。
それぞれに存在感がありながら、単独で目立ちすぎないのが特徴。

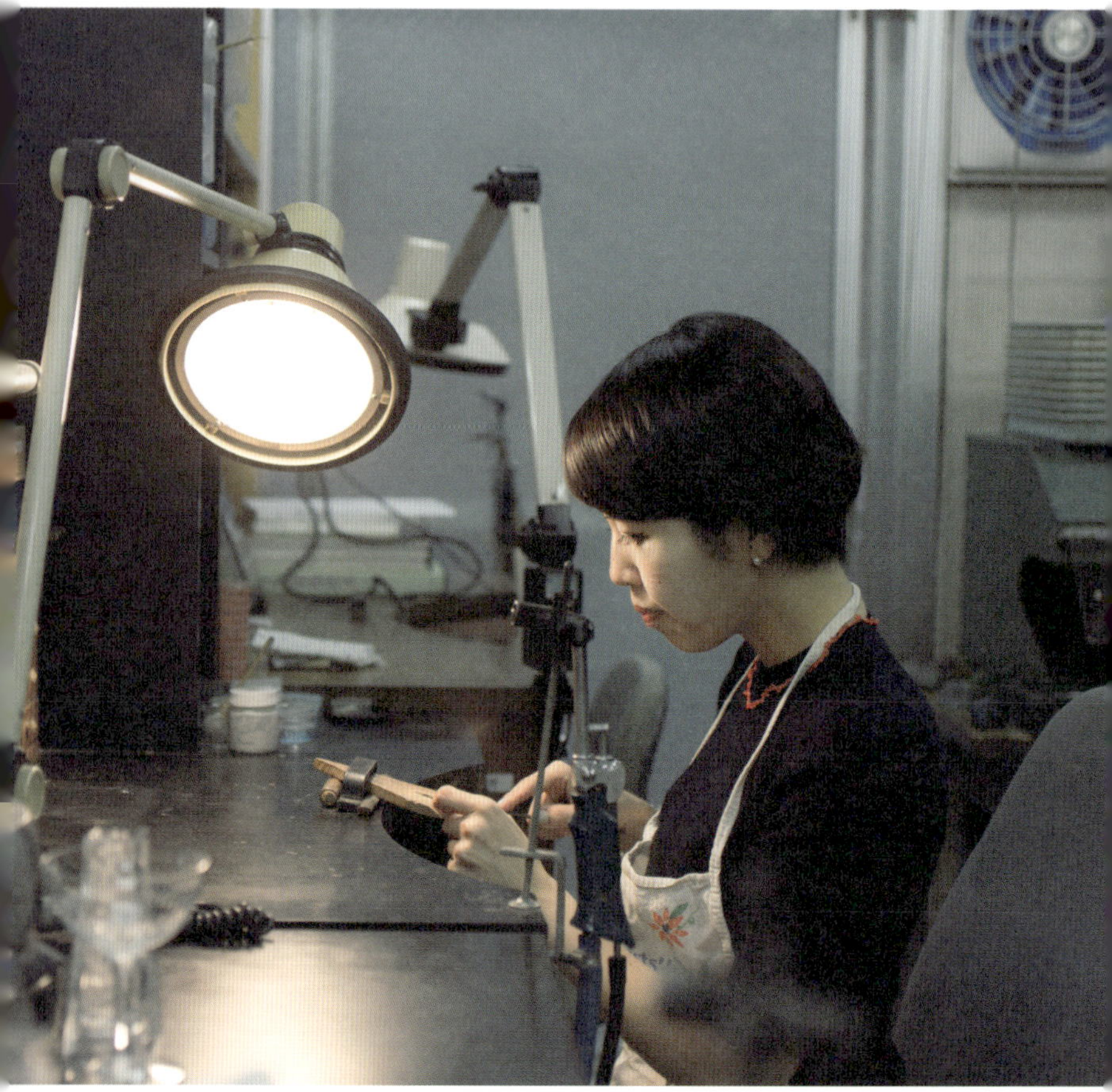

金属製の工具や道具類が並ぶ、制作工房。
削ったり磨いたり、ジュエリー制作は、かなりの肉体労働。
作品はすべて、
星さんと職人さんが1点ずつハンドメイドで制作している。

紺色の古着のニットに赤いベルトの着こなしに、赤さんごを編み込んだネックレスを合わせて。
さんごにはそれぞれ細やかなカットが入っており、角度を変えるたびにキラリと光る。

ピンクのブラウスにフェルトの帽子というクラシカルな装いに、
アコヤパールのネックレスを。
冠婚葬祭に幅広く使えそうなデザインも、
星さんは普段着に積極的に活用している。

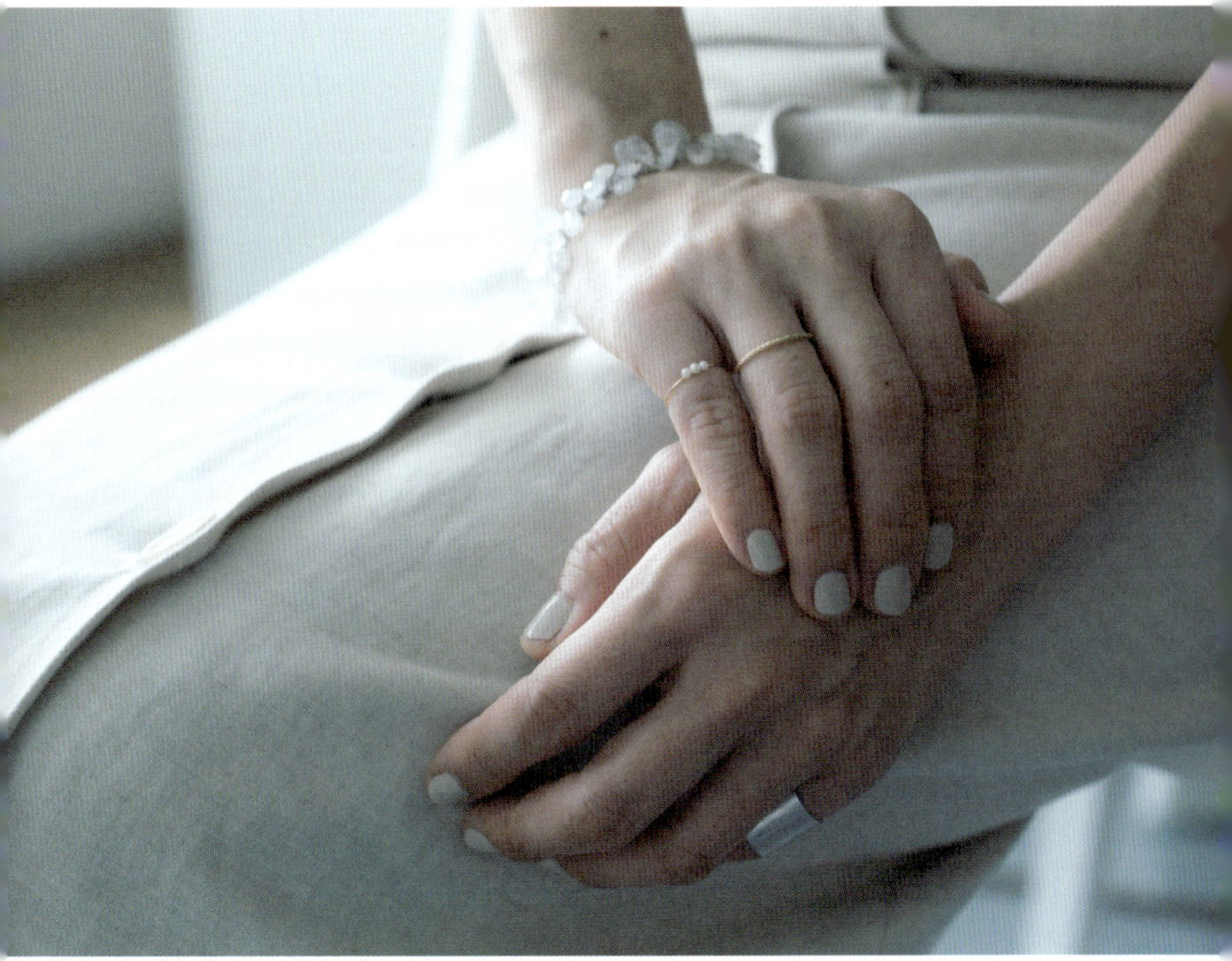

星さんの手元コーディネート。左手には小指にマットなシルバーのリング、
右手にはムーンストーンのブレスレットに18金リング、小粒パールのピンキーリングを重ねて。

年相応なデザインであるとともに、
「おばあちゃん」という年齢になっても身につけられるものを目指している。
星さんがお祖母さまにプレゼントした、ピンクさんごのネックレス。

星さんの「元気の素」はネイル。
制作中は常に手元を見るので、
好きな色で気分を上げる。

137

ジュエリーデザイナー

星芽生

ジュエリーデザイナー・星芽生さんが、友人のライター・吉田直子さんとともに手掛けている「シュオ」は、冠婚葬祭で使う小物のブランド。結婚式やパーティ、子どもの入園入学、卒園卒業など、人生の節目となる行事で身につけるジュエリーのほか、宗派を問わずに使える略式の数珠や袱紗、礼服やバッグなど、お葬式や仏事のための小物も扱っています。

「シュオ」は日本語で書くと「朔」で、中国語で「新月」という意味。新しいことを始めたり、願いごとをするのに適した、新しい月のサイクルが始まる日にちなんだブランド名です。

ふたりが「シュオ」を立ち上げたのは、2011年4月。ちょうど東日本大震災の1か月後のこと。おびただしい被害の状況が伝えられる中、予定していたブランドのお披露目を果たして行っていいものか。直前まで何度も何度も悩んでいたそうですが、何気ない日常も決して当たり前ではないこと、多くの人が深く生と死について考えていたその時期に、「シュオ」というブランドが生まれたことに、どこか運命的なものを感じさせます。

「このブランドを手掛けたことで、まわりの友人から『人生の悩みがひとつ減った』と、よく言われました。私自身も30歳を過ぎたあたりから、大切な人をお見送りする機会が増え、『そういう場所でも自分らしく、それでいて大人として恥ずかしくないものを身につけたい』と、強く思うようになりました。どうやらみなさん、同じような考えをお持ちだったようで、『シュオを始めてくれて、本当にありがとう！』と感謝されることが、予想以上に多かったです」

悲しみは、いつも突然にやって来るもの。気に入ったデザインの数珠や袱紗は、あわてて揃えられるものではありません。30代、40代と年齢を重ねていくにつれ、装いについて自分なりのスタイルを持つようになりますが、「数珠や袱紗だけは、自分らしいものが見つからない」と考える人も多かったのでしょう。つくり手である星さんと吉田さん自身が何よりもその思いが強く、日頃から大人の心掛けとして準備しておけば、何かあったときに心強いもの。

また「シュオ」のジュエリー類は、普段の暮らしの中でも取り入れられるデザインがほとんど。星さん自身も日々の生活で、気負いなく身につけているそうです。ジュエリーのデザインは、古いコスチュームジュエリーや、アンティークジュエリーの本からインスパイアされることが多く、自身がプライベートで着る服は、ヨーロッパやアメリカの古着ばかり。たとえば冠婚葬祭に幅広く使えるアコヤパールのネックレスも、星さんは普段着と組み合わせて、積極的に活用しているそうです。

母親と同じ、ジュエリーの世界へ

お母さまが彫金のお仕事をしていたこともあり、子どものころから彫金工房の現場は自然と目にしていたという星さん。グラフィックデザインを専攻していた美大生時代、文化祭で友人たちと一緒に、1から100までナンバリングを施した指輪を100人に向けて販売するというイベントを開催しました。それが彼女にとっての、初めてのジュエリー制作経験でした。

まわりの友人たちが就職活動にあわてる時期になっても、「どこかの企業に勤める」という選択肢がピンと来ない。運よく販売イベントを見て「作ったジュエリーを卸してください」というセレクトショップが現れ、長くフリーランスでジュエリーデザイナーをしているお母さまの後ろ姿を見てきたせいか、何となく「自分にもできるのではないか」という思いがあったそう。

大学卒業と同時に、即独立。若くして世に出てしまったら、社会の荒波にもまれ、早々に挫折を経験……といった流れを想像しがちですが、星さんは、「初めてジュエリーを作ったときから今日までずっと、『楽しい』と思えることだけを、ただ続けてきた」とほがらかに笑います。

「自分で言うのも何ですが、私、性格が明るいんですよ(笑)。もちろん当初は甘く見られて、理不尽な経験もたくさんありました。でもそこで、ひきずらない。私を信頼してお仕事を発注してくださる方々と、長くいいおつき合いができていたので、怒ったり悲しんだりするよりも、そちらの期待に応えたいという気持ちのほうが断然強かったですね」

一瞬ひるんでしまいそうな膨大な注文にも、「やります!」と対応し、「こういうものが欲しい」とお題を出されたら、必死に考えて、期待以上の「いいもの」を作り上げる。そのくり返しで、道は開けていく。星さんの才能は、魅力的なジュエリーを作りだすセンスはもちろんのこと、もしかしたら、この「やり遂げられる」と信じる「強さ」にこそあるのかもしれません。

「強さ」から生まれる「健やかさ」

「できる」という確信は、もしかしたら若さゆえの単なる思い込みかもしれません。けれどもそう自分で決めなければ、何ごとも始まらない。言い訳をせず、サボりもせず、自分で自分自身に対して「やる」と、決断する。その迷いのない強さはきっと、手掛ける作品にも映し出されていくのでしょう。そしてそれを手にした女性たちにも、力を与えてくれるに違いありません。

「ジュエリーの仕事は、ときには火も使う力仕事でありながら、『あの素材に何を組み合わせよう』『この石のサイズはどうしよう』など、頭を使って考えることもとても多いんです。きっと制作中、すごいカロリーを消費しているんでしょうね。焼き肉が大好きで、毎日驚くほどモリモリ食べています」

心を健やかに保つために、ヨガや筋トレ、それに鍼や整体など、身体のメンテナンスは欠かさず、そのための時間はたっぷり取るようにしているそう。いつも笑顔で、話していてこちらが元気になるような星さんのハッピーオーラは、そんな心身への心配りから生まれているようです。

そもそもアクセサリーは、心と身体を守る「お守り」としての役割が起源。単にファッションとして装いを彩るだけでなく、身につけることで気持ちを上げたり、自信をつけたり。特に貴石を扱うジュエリーデザインの仕事は、素材の持つ力が大きく、「石から選ばれる」ことがなければ、続けることはできないように思われ

ジュエリーデザイナー
星芽生

ます。星さんの手掛ける作品が生き生きと力強く、魅力的なのはきっと、この「明るさ」「健やかさ」が理由なのでしょう。

師匠でもあった、母親との別れ

「シュオ」がスタートして、6度目の秋を迎えた年、星さんは大きな別れを経験します。お母さまが突然の病に倒れ、帰らぬ人となったのでした。ひとり娘だった星さんは、喪主として葬儀の場に立ちました。「シュオ」では、服飾ブランド「suzuki takayuki」や帽子ブランド「Sashiki」とコラボレートした喪服やカクテルハットを発表していましたが、それらを身につけ、自ら手掛けた数珠を手にして、ものづくりの師匠であり、大先輩だったお母さまを見送ったのです。

「本当に突然の出来事だったので、友人たちは、私が泣き崩れて取り乱しているのではと、心配してくれていました。でも私は帽子をかぶり、数珠を持った瞬間にスイッチが入って、『泣いてはいられない』『喪主の役割を全うしなくてはいけない』と、凛として立つことができたのです。式が終わり、帽子を脱いだとたんにようやく、涙がとめどなく流れてきました」

お母さまは星さんの才能を評価していた一方で、きびしい人でもありました。職人気質で理想も高く、働きざかりの時期は、ちょうどバブル全盛期。華やかな時代を駆け抜け、「ジュエリーはかくあるべき」という思いが強く、星さんが「シュオ」をスタートしたときに、「なぜわざわざ、数珠を?」と、違和感を率直に口にしていたそうです。けれど、お母さまがきびしかったからこそ、星さんは自分たちの思いを言葉をつくして説明し続け、結果として「シュオ」というブランドの輪郭が鮮明になっていきました。

「母は私に、自分の会社の跡を継いでほしいと考えていたのですが、私は『自分が選んだ道を行く』と、ある意味決別宣言を伝えていました。きっと母の中には、ものすごい悲しみがあったはず。けれども亡くなる年のお正月ごろ、ようやく母が『芽生がしていることは、あなたたちの年代にも今の時代にも、すごく意味のあることだったのね。ずっと分かってあげられていなかったけど……』と、言ってくれていたのです」

反発し衝突しあった母子でしたが、お別れのあとは、お母さまのものづくりのエネルギーが星さんの中に注がれ、「自分の中に母がいる」「守っていてくれる」という実感が、より強くなったそうです。

「辛くて悲しいけれど、亡くなった人を思うことは、残された自分が『よりよい生き方』をするための、生きるエネルギーにもつながっている。『シュオ』はその力添えができるかもと、母との別れで感じ、いっそう誠実に、ていねいな仕事をしていきたいと思うようになりました」

最後の質問で「ジュエリーデザイナーの条件は何でしょう?」と尋ねたら、星さんは「きちんとすること」「個性を持つこと」そして「人の個性を見極めること」と答えてくれました。

「人に見られることを、きちんと意識すること。そして自分自身の個性を持つこと。素がどんなにきれいな人でも、その人らしさを活かしていない装いをしていたら意味がない。個性を大事にすることが、その人の美しさを引き出すのに最も大切なことだから」

「シュオ」のお店や展示会に足を運ぶと、お客さまがジュエリーを身につけたとたん、きらきらと輝きだす瞬間を何度も見ることができます。ジュエリーによって、その人が持つ気質やオーラがぱっと花開く。その人の本来持つ輝きが、ジュエリーの輝きとシンクロするのです。

現在、星さんは「シュオ」というブランドの枠組みの中で求められるものを制作しているけれど、かつてのように「星芽生」の個人名でも作品をちゃんと発表したいと考えているそう。今はまだ、その時期ではないけれど、何年後かに必ずそれをやり遂げたいと、星さんは話します。

147

ジュエリーデザイナー

星芽生

それらの作品の輝きは、一体どんなものなのでしょう。彼女のようにハッピーでチャーミング、そして女性たちの輝きをあと押しするような、健やかで力強いものであることは間違いありません。

Q1
装いについてのこだわりを教えてください。

A
古着が好きです。昔の服はサイズが小さめなので、小柄な私の体にも合うのと、オンリーワンであるところに魅かれます。古着特有の色合いには思わず見入ってしまうし、小花柄も大好き。コーディネートには必ずジュエリーを合わせます。気をつけないと、「これ以上は派手すぎ」という手前までつけてしまうこともありますが(笑)、好きなものを好きなだけ。

夜のうちに明日のコーディネートを考えたりはしないで、朝の出掛ける前の気分を大切にします。家を出てみたものの、何だかバランスが悪いとき、しっくりいかないときは、着替えに家に帰るほど。その日1日の気分が左右されるので、常に装いは大切にしています。

Q2
これは欠かせない、大切にしている生活道具はありますか？

A
そのとき、そのときで変わります。今はアイブロウペンシル。ヘアメイクアーティストの草場妙子さんに眉毛の大切さを教わって、意識的に描くようになりました。「人は眉毛で印象がすごく変わる」というのが彼女の主張で、私も何種類かの眉毛の描き方を使い分けています。外出前に上手にピッと描けると「よし、行ってきます！」と、気合いが入ります。

ジュエリーデザイナー
星芽生

Q3
休みの日は、何をしますか？

A
今は祖母と家で過ごします。徹底的に家を掃除したら、公園へ散歩。家の近所は緑も多く、好きな喫茶店もあるので、気分転換になります。休みの日曜日はできるだけ予定を決めず、流れに任せます。実はマネージャータイプで、予定を組み立てるのは得意ですが、平日が細やかなタイムスケジュールで行動しているので、休みは必ず余白をつくるように心掛けています。

Q4
毎日欠かさずに行っている習慣を教えてください。

A
今日1日の疲れを取る儀式として、お風呂で腹式呼吸を。それと寝る前に日記を書く。フォーマットや決めごとはなく、たとえば疲れて書けないときも、「疲れた」とひとことでも書くように。小学生のころからの習慣で、一時期中断したこともありましたが、ずっと書き続けています。書いたものは読み返さず、実は捨てちゃいます（笑）。書くことで、自分の考えやそのときの気持ちを客観視できるのです。場合によっては、ネガティブなことも書きますが、この中でいったん吐き出してしまえば気が楽で、そこで消化できることも多い。ちなみに、うちの祖母も30年以上日記をつけていますよ。彼女は捨てられない人だから、全部取ってありますよ（笑）。

Q5
食生活で心掛けていることはありますか?

A
家の食事では玄米を食べています。それに季節の素材をシンプルに焼いたり煮たりしたものと、雲丹、海苔、梅干しなど、おいしいごはんのお供を冷蔵庫に常にストック。普段の食事は、それさえあれば充分。実は料理が苦手で、試行錯誤した時期もありましたが、できるだけシンプルな自分なりの方法を構築しておくことが、ストレスもたまらず続けられる秘訣だと気づきました。玄米は身体が軽くなり、腸がきれいになる気がします。最近は梅醤番茶も毎朝飲むようにしていて、身体が温まり、呼吸も通るような気がしています。

Q6
身体のメンテナンスで、心掛けていることはありますか?

A
柱が5つあり、普段はヨガと筋トレのふたつで身体のメンテナンスを行い、鍼、タイ古式マッサージ、それに駆け込み寺のような整体で、ときどきスペシャルケアを行っている感じです。

「健康でないと、いいものは作れない」と考えています。不調に対処するだけでなく積極的に運動をして、調子を整えています。以前体調を崩したとき、いつもは颯爽と出掛けるのに、「出掛けなきゃ〜」とおっくうに感じ「これではダメ!」と、いっそうメンテナンスには気をつけるようになりました。

Q7

「ものを持つ量」に自分なりのルールはありますか？

A

個人的なコレクションや、大切にしているものは別ですが、ものはためないタイプで、「捨て上手」なほうです。休日で時間があるときはよく、「捨てる作業」に時間を当てて、ゴミ袋片手に、「ハイ、ハイ、ハイ」という具合に（笑）。捨てることで心が「無」になれるし、部屋がすっきりすると単純に気持ちがいい。何に関しても、余白を大切にしています。

ものを手放していくと「ついでにここも片付けよう」「あの場所も整理して」と、部屋がどんどんきれいになっていき、いい循環が生まれます。腰を使っていらない本をしばったり、ものをあちこちに移動したりと、運動にもなりますしね（笑）。すっきりすると、夜も気持ちよく眠れます。

Q8

人づきあいで心掛けていることは何ですか？

A

「親しき仲にも礼儀あり」。どんなに仲が良くても、相手の状況や体調を思いやり、ていねいな言葉づかいで、なあなあにしない。人と会うときは、身だしなみや心を整えて、疲れてだらしなくなってしまうようなら、会わないようにします。

人見知りをしないので、昔は友達をつくりすぎたり、人との距離を詰め過ぎたりして、逆に疲れてしまうタイプでしたが、最近はつかず離れず、バランスよくいられる関係を大切にしています。

Q9

落ち込んだとき、
自分をどのように
励ましますか？

A

落ち込まないですね。反省をしたり、自分と向き合う時間はありますが、部屋のすみっこで体育座りしてとかはないです(笑)。一刻も早く問題を解決しようと、その方法を考えます。今の自分には大切な仕事があり、生活があり、それに全力で向き合う日々なので、落ち込んでいる時間がないというのが正直なところです。

Q10

仕事をしたくない、
それでも
やらなくては
いけないとき、
どうしていますか？

A

むしろどんなに辛いときでも、仕事が私を支えてくれたり、仕事があることで救われてきたので、「仕事をしたくない」という状況があまり考えられません。でもそれは、今現在が、チームで行う仕事がメインだからかもしれません。ひとりでしていたら、仕事をしないという選択肢もあると思います。

磯部《いそべ》祥子《さちこ》

布作家

栃木県生まれ。女子美術大学ファッション造形学科卒業後、都内の食材店、雑貨店などで勤務したのち、2012年より布作品の制作をスタート。「絲室」の屋号で、主にインドの手紡ぎ・手織りの布「カディ」を使った作品を発表している。

磯部さんが「自分の原点」と語るコースター。パッチワークの方向も分量も１枚１枚違っており、
コットンを中心に、ときどきシルクを挟み込んだりしている。

2017年には西荻窪にある料理店「くしま」で「ティーコゼ」展を開催。
自宅で愛用しているものは、無駄をそぎ落としたシンプルなかたちで、カディの凹凸が繊細な陰影を生む。

「白い布」という限られた世界でありながら、思わず手をのばしたくなる心地よさと、
布と布を合わせたときに起こる「組み合わせの妙」を味わえるのが、磯部さんの作品の特徴。

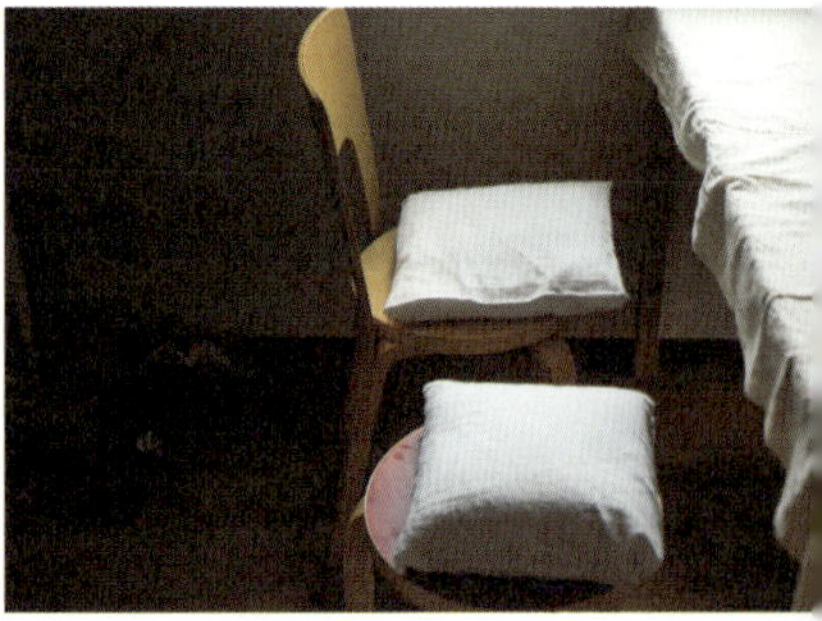

学生時代から10年以上使い続けている「JUKI」のミシン。
パッチワークは、縫い合わせた布をカット、それらをまた縫い合わせてカット……
という工程をくり返して作り上げる。

インド旅行で持ち帰ってきたもの。
真鍮のスパイス入れ、茶葉が入っていた紙の箱、お寺の庭に落ちていたという赤い魔除けの実。

大切にしている「dosa」の服。
「デザイナーのクリスティーナ・キムの素材への
探求心からは、学ぶことが本当に多い」と磯部さん。

ぽってりとした茶色い釉薬の器はボリビア製。
器類は本当に気に入ったものだけを、
厳選して手元に置いている。

裁縫が得意だったお祖母さま、洋菓子作りに腕をふるっていたお母さまの影響で、子どものころから手を動かすことが好きだったという磯部さん。けれどもそれは、どちらかというと「手芸」より「図画工作」の世界。マッチ棒で絵を描いたり、クレヨンでカラフルに塗った画用紙を黒のクレヨンで塗りつぶし、釘などでひっかきながら描くスクラッチ画を楽しんだり、卵の殻を彩色して貼り絵をしたり。小学生のころ、マングースの絵を水彩で描いているときに、塗りすぎて画用紙がホロホロになって、まさに毛のような質感になった驚きを、今も鮮明に覚えているそうです。

高校時代はファッションに興味を持ち、卒業後は女子美術大学のファッション造形学科に進学。デザインやパターン、縫製などをひと通りこなしますが、ほんの数ミリの縫い目の違いを突き詰めていく服飾の世界になじむことができず、専門に分かれる3年生からは「造形」コースに進みます。

コンセプトを決め、それに沿う素材を選び、立体物であるアート作品を制作。そこで磯部さんは「素材合わせ」の楽しさに目覚めます。ある素材とある素材を組み合わせることで、単独では生まれなかった面白さを見出す。卒業制作は、水につけると溶けてなくなるシートを、ひたすらミシンで縫い埋めていき、最終的にはシートを溶かし、縫い目だけでできた布が残る、という作品を作りました。ミシン目の凹凸が生み出すテクスチャーが、そのまま布として残るのです。

「そのときは全然気づいていませんでしたが、何だか今の仕事に通じることをしていますね。けれどそのころは、とにかく地に足がつかず、ふわふわと漂っているような感じでした」

大学卒業後、磯部さんは就職活動をすることもなく、さりとて自分が何をやりたいか分からず、不安を抱えたまま、代官山にあった自家製デリやパンなどを提供する食材店に就職します。え？　美大から食材店？　何やらその脈絡のなさに驚きましたが、「なぜ？」と問いかけると、「豊かな感じがしたから……かもしれません」とのお答え。

みずみずしい色とりどりの野菜やくだものがあって、カサッと乾いたパン、つる

布作家
磯部祥子

つるしたガラス瓶や缶に詰まった食材、袋に入った乾物類……いろんな色、いろんな質感が集まっている空間が、磯部さんにとっては「とても豊かな場所」に思えたそうなのです。

ここでも「質感」はキーワード。けれどもふんわりとした動機の仕事は、やはり長続きはしなかった様子です。しばらくして原宿にある、上質な洋服類や手仕事の工芸品などを扱う人気ショップに転職。そこでの業務がハードで体調を崩し、しばらく仕事から遠ざかった時期もありました。そんなとき、長い間憧れの存在だった、原宿の生活道具の店「Zakka」で、スタッフを募集していることを知ります。面接を経て、見事合格。2010年の春のことでした。

憧れの世界に身を置く

オープンして30数年になる「Zakka」は、オーナー・吉村眸《ひとみ》さんの審美眼と人柄により、使い手はもちろんのこと、つくり手たちからも高い信頼と尊敬を集めているお店です。国内外を問わず、吉村さんというフィルターを通して集められた品々は、単なる「生活道具」の枠を超え、暮らしの哲学やスタイルを伝える存在として愛されてきました。

「決してたくさんの品が並んでいるわけではありませんが、どれも吉村さんの愛情が注ぎ込まれ、輝いていました。ゆったりしているのに凛とした、背筋がのびるお店の空気感は、吉村さんのお人柄そのものだったと思います」

自分が憧れていた世界に身を置く。それは若い磯部さんにとって決定的な経験となりました。何かをしようと思ったとき、目指すべき世界の手ざわりや空気感を知っているかどうか。その感覚があるかどうかで、進む距離や広がるイメージは大きく違ってきます。

ものや空間は、単に目に見える部分だけで構成されるのではなく、その奥にある信念や人となりが表われるもの。ご家庭の事情により、のべ1年強しか「Zakka」では働くことができなかったそうですが、そこで得た経験は、作家として独立した今も、大切なベースとなっているようです。

なお、退職前の2011年初夏に開催された「鍋つかみ展」(「Zakka」のスタッフとその卒業生たちによる鍋つかみの展覧会)には、磯部さんも作品を出品することができました。磯部さん曰く、「展示の中で、私が作ったものがいちばん地味で、素っ気ない鍋つかみだった」とのこと。けれどそのときに、その後初めての個展を開催することになる鎌倉「スコレー」の小川純一さんが作品を買ってくれて、現在につながる縁が始まりました。

磯部さんがお店を辞めなくてはいけなかった理由は、突然のお父さまの訃報。大きなショックを受けたお母さまのそばにいるために、急きょ栃木の実家に戻ることにしたのです。東京であわただしく働く日々から一転、田舎に暮らし、家事ばかりをする日々になりました。

「それまでただ流れに乗って、何となく忙しい毎日を過ごすばかりでしたけど、急に田舎のゆったりした時間の流れに身を置くことになり、立ち止まって自分に向き合わざるをえなくなったんです。それまで深く考えたこともなかった『自分の人生』について、思いをめぐらせるようになりました」

それはひどくしんどい、ときには大きな落ち込みを伴う作業でもあったそうです。持ち物を大量に手放す「断捨離」を行ったり、心にまつわる本をいろいろ読んだり。「今までの人生で、ここまで大変な時期はなかった」と磯部さんも振り返ります。

勢いで続けてきた販売の仕事は、本当に向いているのか。このままこの仕事を続けるのが、自分の人生なのか。そんなもやもやを抱えている時期に、家にあったミシンを出して、小さなコースターを作り始めました。1枚、また1枚と、縫っていると、不思議と心が落ち着き、胸に喜びの感覚が広がっていったそう。

「これならできるかもな」。それはほんの小さな実感で、普通の人だったらもしかしたら、見過ごすような感覚だったかもしれません。けれど磯部さんは、その

167

布作家

磯部祥子

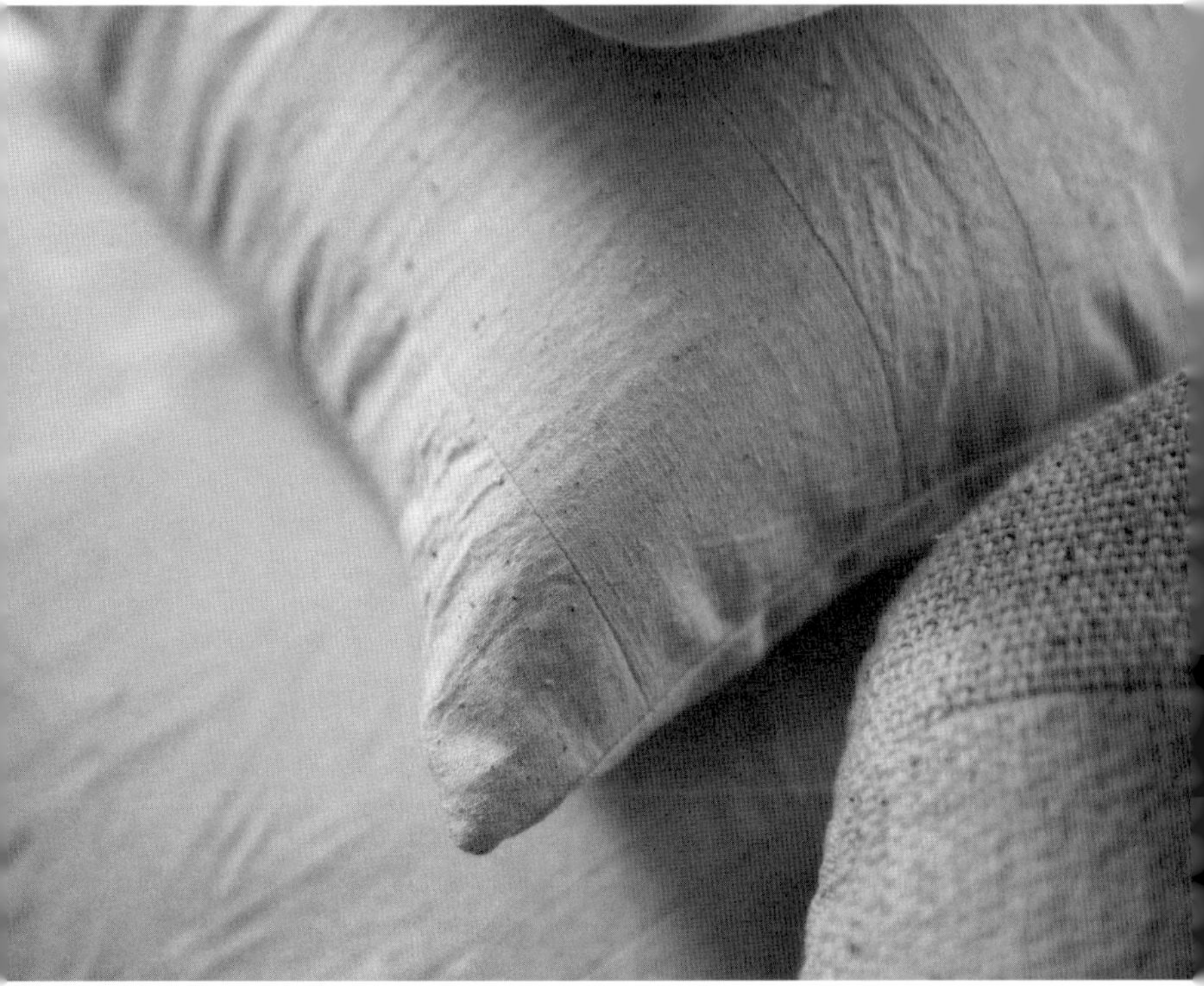

自分にしか分からない感覚をしっかりと胸に刻み込み、頭で考える「こうすべき」という判断よりも、身体的な実感のほうに耳を澄ましました。

もちろん最初は作家活動だけで暮らすことはできないので、アルバイトをしながら、コースターやアイピロー、ティーコゼなど小さな布小物を作るようになりました。鍋つかみを買ってくれた「スコレー」の小川さんが、その後もさまざまなものを「作ってみて」とリクエストしてくれて、やがて初めての個展開催につながりました。その展示が人の目に留まり、新たな展示のお誘いや、作品の卸の依頼も来るように。そうやってゆっくり少しずつ、作家としての道が開けていきました。

「カディ」という布との出会い

磯部さんが「作品」という意識でものづくりをするようになったのは、「カディ」という素材との出会いも大きかったようです。カディとはインドの手紡ぎ・手織りの布で、イギリスが植民地支配をしていた時代に、機械織りの綿布に対してのインド人の自立を目指し、当時首相だったマハトマ・ガンジーが提唱した布として知られています。手仕事ならではの不均一で風合いのあるテクスチャーが魅力で、それぞれ微妙に表情が違い、同じ布は決して存在しません。ふんわりと空気を含み、夏は涼しく、冬はあたたかいのが特徴。

そんな不均一な布同士を組み合わせてみると、不思議な趣きが立ち上がってきます。磯部さんの深層に訴えかけてやまなかった「素材のつらなりの面白さ」が、強く確信として立ち上がっていたのも、この素材との出会いがきっかけでした。何度もインドを訪れ、たくさんの素材を抱えて日本に戻り、それらに作品として命を吹き込んできたのです。

「今でも自分が『布作家』と呼ばれることに少し抵抗があって、自分よりもきれいに縫える人は山ほどいますし、母からも『不器用なあなたがミシンをやるなんてねえ』と驚かれているくらい(笑)。だから『縫い物をしている』というよりは、

『素材を組み合わせている』という感覚なんです」

図画工作で手を動かすことが楽しかった幼少期。いろんな質感の食材が並ぶ様子に目を奪われていたアルバイト時代。磯部さんの時間の積み重ね方は、決して要領がいいわけではなく、答えを出すスピードは、人よりも遅いかもしれません。けれど自分にとってのそのときどきの「正解」を、ていねいに見極めてきたからこそ独特な感性が育まれ、一見素っ気ない、シンプルな布から広がる豊かな世界の実感を、私たちにもしっかりと伝えてくれるのです。

興味のない人から見ればただの「白い布」も、磯部さんにとっては、どんなに眺めていても飽きのこない、無限の可能性を持った存在。その細やかなセンサーが、心地いいものとそうでないものをかぎ分け、ずっとふれていたくなるような作品を生み出していくのです。

「暮らしの中で布は、いちばん肌に近い素材で、ふれていて気持ちがいいし、ほ

布作家
磯部祥子

っとさせてくれます。私が手掛けるものは、なくても生活はできるものだけど、ある人にとっては心をなごませ、豊かな気分になってもらえるもの。だからこそ作品やつくり手である私を強く主張するのではなく、それぞれの暮らしにそっと寄り添えるようなものを作っていきたいと思っています」

現在は鎌倉でひとり暮らしをしている磯部さんですが、ご実家のお母さまが、アトリエつきの一軒家に引っ越したのをきっかけに、制作拠点を二箇所構えることになりました。最近はカーテンや大型のクッションといった注文も増え、大物の制作はご実家で行っているそう。手のひらより小さなコースターから、部屋を彩る大きな布ものまで。磯部さんが生み出す「心地よさ」に癒され、ふれたいと思う人の輪が、どんどん広がっているようです。

Q1

装いについてのこだわりを教えてください。

A

おしゃれは昔から大好きです。その気持ちが低迷していた時期もありましたが、最近また「おしゃれをしたい！」という思いが強くなってきました。作品作りにも通じるのですが、シルエットやデザインよりもまず、「素材を着たい」という気持ちが先行しています。やはりカディやシルクなど、心地いい天然素材の服に目が行くようです。今日着ているのは「ヴァスパティ・カディ・ハート・カーム」の服。以前はオレンジや紫がやたらと着たくなる時期がありましたが、今は白かブルーばかり。何となくそのとき自分に必要な色を、着たくなるようです。

Q2

これは欠かせない、大切にしている生活道具はありますか？

A

三重県の「土楽窯」の「ごはん鍋」です。お米が大好きで、ふたが分厚いからでしょうか、これを使うとすごくおいしく炊けます。9年くらい前に原宿の「QUICO」で購入してから、ずっと大切に使い続けています。ふたを1回割ってしまって、窯元に問い合わせて送ってもらったりしました。炊いたあともこの中にごはんを入れておけばパサつかなくて、涼しい時季は、おひつ的な役割でも使えます。

布作家
磯部祥子

Q3

休みの日は、
何をしますか?

A

家にこもるのがあまり好きではなくて、広いベランダがある家に引っ越したら、そこでミシンを踏んでいたいほどなので(笑)、休みはたいてい外に出ます。川や山など自然の中にいるのも好きだし、街中に出掛けるのも好き。鎌倉に住むようになってから、自然が身近になりました。お店に入れば、ディスプレイを見て「こういう色の組み合わせ面白いな」と思ったり、自然の中で葉っぱを見れば、「葉脈のかたちがきれいだから、こういうのもいいな」と感じたり。リフレッシュするとともに、作品のインスピレーションを受けることもあります。

Q4

毎日欠かさずに
行っている習慣を
教えてください。

A

朝起きたら白湯を飲みます。これは絶対にやらないと落ち着かず、「今日も朝が来たな」と身体がしゃきっとします。

夜寝る前には、その日起こった出来事、制作したものや関わった人などすべてに「今日も一日ありがとうございました」と言うようにしています。そうすると、たとえ今ひとつなことがあったとしても、翌日に持ちこさないし、気持ちよく眠れる気がします。

Q5
食生活で心掛けていることはありますか？

A
特にこだわりがあるわけではないですが、なるべく自然のものを食べるようにしています。野菜を多めに、最近は肉が少し重たく感じられてきたので、メインは魚を中心に。「今日はこれを食べたい」という身体の声に従って、感謝しながらいただくようにしています。

Q6
身体のメンテナンスで、心掛けていることはありますか？

A
目が疲れる仕事なので、夜寝る前にホットタオルを目にのせて、休ませます。最近は少しサボり気味ですが、朝にウォーキングも。鶴岡八幡宮の階段を駆け上がったりしていました。全身の血行がよくなり、リラックスするし、頭の回転もよくなる気がしています。

Q7
「ものを持つ量」に自分なりのルールはありますか？

A
震災が起こった年に、一気にものを手放したことがあって、あらゆるものを捨てすぎて、今ちょっと、さびしいくらい。販売員として働いていたときに「いいもの」を見すぎてしまい、本当はそういうもので揃えたいのですが、「まだ自分がそのレベルに達していない」、でも「中途半端なものは買いたく

布作家
磯部祥子

ない」という葛藤の中にいます。そんな理由で最近もあまりものを買っていないです。ものが一杯になると、自分が詰まってしまう感じもして、すき間があるほうが好きです。

Q8

人づき合いで心掛けていることは何ですか？

A

できるだけ気を遣わず、お互い自然体でいられるようにします。それがいちばん気持ちいいし、長くおつき合いができるように思います。実は、緊張しがちな性格なのですが、自分の緊張をなるべく相手に感じさせないようにふるまうことも訓練中。細く長く、いいおつき合いが続いている知人も多いので、あまり密接になりすぎないことも大切なのかなと思ったりします。

Q9

落ち込んだとき、自分をどのように励ましますか？

A

わりとよく落ち込むタイプです。なので、落ち込む前の「予防」を最近は心掛けるようになりました(笑)。気配を感じたら、運動するとポジティブになれるので、身体を動かしてみたり、ささいなことでも自分をほめて、ちょっと気分を上げたり、甘いものを食べたり。そういう自分なりの小技を、いろいろとストックしています。

落ち込みの原因が、実は身体のせいだったりすることもありますよね。私は低血糖症の傾向があるので、甘いものやカフェインで無理に血糖値を上げ、一瞬元気になっても、また下がったら落ち込む……というのを、昔はくり返していた気がします。ついつい甘いものを食べてしまいますが、その仕組みを知ったことで、食べる量やタイミングに気をつけたり、ときにはサプリメントを飲んでみたり、体調管理で気分が安定するようになってきました。

Q10

仕事をしたくない、
それでも
やらなくては
いけないとき、
どうしていますか？

A

いったんあきらめてミシンから距離を置き、目を閉じて情報をカットして、しばらくぐったりしておきます。そのあと気合いを入れ直すと、何とかがんばれるようになれたりします。そして仕事のあとの楽しみ、「この仕事が終わったら、近所のおいしいあんみつ屋さんに行こう」とか「好物のおいしいチーズを食べよう」とか、自分で自分にニンジンをぶら下げて、やる気をふるい起こしています。

千葉《ちば》奈津絵《なつえ》

菓子職人

東京都生まれ。パン屋、紅茶専門店での勤務後、２００６年より「ダン・ラ・ナチュール」の屋号でお菓子作りの活動をスタート。２０１２年に自宅の一部に工房兼ショップを構え、焼き菓子の販売を開始する。出産・育児休暇を経て、２０１６年より販売を再開。

左上から「ヘーゼルナッツショートブレッド」、「ココナッツサブレ」、「フロランタン」。

「カシューナッツのメレンゲ」はメレンゲが苦手でも、なぜか病みつきになる人が多いとか。

千葉さんの代表作「プレーンマフィン」。きめが細かくしっとりとした食感で、甘味はおだやか。

作られたその日が賞味期限で、生地の繊細なおいしさを味わえる一品。

「どれにしようかな？」と悩むのも楽しい、焼き菓子がずらりと並ぶショーケース。
焼き菓子は小ぶりなものが多く、１回のお茶で食べ切れて、おすそ分けにもほどよいサイズ。

お店の看板、お菓子のパッケージ、
コーヒー缶などに使われているロゴイラストは、
長年親交のあるイラストレーター・
福田利之さんが手掛けている。

千葉さんのカットの正確さ、手早さは、さすがの職人技。
福島「あんざい果樹園」から届いた
りんごの「ふじ」を焼き込んだ
バターケーキ「りんごのケーキ」をカット。

4種の蒸留酒に漬けたドライフルーツを焼き込んだ
「フルーツケーキ」は、普通のパウンドケーキより薄めにカット。

店舗に併設されたキッチン。オーブンは「リンナイ」の業務用タイプで、
千葉さんが焼くお菓子はすべて、この１台から生まれている。

福島「あんざい果樹園」の洋なしやりんご、ご近所東京・三鷹の「oli oli 農園」のキウイフルーツ、
瀬戸内・豊島（てしま）のレモン。それぞれケーキやジャムに生まれ変わる。

何度も読み返し、お菓子作りに活用した料理本。
昭和50年代に刊行された『お菓子作り一年生』と『おべんとうおやつ特選』。
もう30年以上も千葉さんの手元にあるそう。

菓子職人

千葉奈津絵

焼き菓子好きの方なら、その名をどこかできっと耳にしたことがあるはず。フランス語で「辺鄙《へんぴ》なところ」という意味を持つ、「ダン・ラ・ナチュール」は、東京・調布市にて千葉奈津絵さんがひとりで営むおやつ屋さん。月に数回の工房販売のほか、各地の店舗やイベントで焼き菓子を販売したり、ワークショップを開催したり。そのお菓子を口にした人は、「また『ダン・ラ・ナチュール』のお菓子を食べたい」と、リピーターになることがとても多いのです。

たとえば「ヘーゼルナッツショートブレッド」は、プラリネノワゼット（ヘーゼルナッツのペースト）がたっぷり入った、ひと口でずっしり濃厚なショートブレッド。キャラメルの風味が香ばしく、コーヒーにひと粒添える、角砂糖のイメージで成形されたもの。丸いクッキー「ココナッツサブレ」は、ほどよい厚みでサクサク軽く、ココナッツの風味を生かすため、焼き色はあえて浅めに。アーモンドたっぷりの「フロランタン」は、ベースの生地にバニラと塩を効かせ、ただ甘いだけでなくキリッとした味わいに仕上げていて、千葉さんお気に入りのレシピだそう。

初めて食べたのに、どこか親しみやすさやなつかしさを感じさせつつ、どのお菓子にも細やかな配慮がなされていて、不思議と記憶に残るのです。

話を聞きに自宅を訪れたのは、工房販売を翌日に控えた仕込みの日。私の質問に答えながらも、千葉さんの手は、休みなく動き続けていました。工房にあるオーブンは、パンやお菓子を焼く女性に愛用者が多い、「リンナイ」のガスオーブンが1台だけ。「ダン・ラ・ナチュール」のお菓子はすべて、このオーブン1台で焼き上げられているのです。

「オーブンをもう1台増やせば？　と言われることも多いのですが、焼いたお菓子を（販売できるように）ラッピングをするのも私自身なので、増やすのが難しいんです(笑)。なかなか人に任せられない性格で」

任せられないのには理由があります。お菓子をオーブンで焼くと、どんなに気をかけようとも、焼きムラは出てしまうもの。その焼き色の見え方の加減は、お菓子の並べ方、包み方で調整していくのです。パウンドケーキの断面が美しく見えるように、クッキーの重なりが自然に見えるように。その細やかな配慮の積み重ねが、「素朴な」「心がなごむ」と言われがちな手作り焼き菓子の世界に、凛とした力強さを添えていたのでした。

「さらに『お菓子がショーケースに並ぶ様子』を、意識的に見ています。ひとつだけがおいしそうに見えるのではなく、それぞれのお菓子がお互いを引き立て合うような感じ。置く角度や距離感など、ちょっとしたことですが、そういうこともお客さまには伝わるのではないかと思っています」

「ダン・ラ・ナチュール」のお店を訪れたときの、「わ！」と心が弾む幸福感。それは、千葉さんのそんな小さな心配りによって生まれているのです。

働きづくめの修行時代

実家にあった料理本を手にしたことをきっかけに、子どものころからお菓子作りが大好きだったという千葉さん。作ったものを家族や友人に食べてもらって、「おいしい」と言われるのが何よりもうれしかったという少女時代。高校・短大時代は、世間でカフェブームやパティシエブームが起こり、お菓子が注目を集めた時期でした。カフェでサーブされる素朴な焼き菓子も、洋菓子店に並ぶきらびやかな生菓子も、どちらも大好きで、さまざまなお店を食べ歩いていたそう。
短大を卒業後、専門学校のベーカリーカフェコースに通い、都内のパン店に就職。1日の労働時間が16時間、夜中働いてそのまま夕方まで店に立つという昼夜逆転生活に、約2年で体調を崩し退職します。それでもお菓子への情熱が途絶えることなく、東京・学芸大学にあった紅茶専門店で働き始めました。

「そのお店では『お菓子を美しく作ること』を徹底的に教わりました。ショートケーキの組み立てでも、『生クリームが0.1ミリ厚い！』なんて怒られ方をしたり。たぶん他人が聞いたら『何を言っているの～？　理不尽！』という世界だと思うんですが(笑)、そういう気迫で作っているものは、やはり美しいんですよね。たとえば焼きっぱなしの素朴なケーキでも、カットした断面のエッジがきゅっと立っていると、断然、魅力的な佇まいになるんです」

ただ空腹を埋めるのではなく、心を潤し、満たしていく。お菓子という存在の役割を真面目に考えていけば、「美しさ」は非常に大切な要素。きびしくも強い美意識にふれた修業時代は、千葉さんに大きな影響を与えた様子です。そしてどんなに大変だった経験も、千葉さんは軽やかな口調で話しているのが印象的でした。

「労働時間が長いからフラフラになるし、たくさん怒られました。でもそれがあるから今、『あのときにくらべれば、何があっても大丈夫』という精神的な支柱が立ちました。独立してひとりでやっていくときに、その柱があるかないかでは、大きな違いがあったと思います。そして何度も何度もダメ出しされて、『できない自分』をリアルに認識できたのもよかった。私も生意気だったから、きっと不満が顔に出ていたと思うんです。でも振り返ると、そのときはやっぱり半人前。そこでもがくことで、成長できた部分が大きかったと思います」

6年の修行を経て退職後、少しずつイベントなどで自分のお菓子を販売するようになりました。「ダン・ラ・ナチュール」の屋号を初めて掲げたのは、東京・国立のレストラン「ニチニチ」で開催される「ニチニチ日曜市」でした。そこで千葉さんの代表作となる「マフィン」が人気を呼ぶようになります。

「それまでもお菓子は作っていましたが、誰かのレシピをアレンジしたものでした。でもこのマフィンは初めていちから作り上げ、『これが自分の味なんだ』と胸を張って言える味だったんです。それを『おいしいからまた買いに来ました』とリピートしてくださったり、『うちのお店で扱いたい』と声をかけてくださる方がいたりして、お菓子作りを続けていく大きな自信になりました」

イベント出店で多くの人に認知してもらい、やがて実店舗を出すというコースは、パンや焼き菓子の世界でポピュラーになってきました。ある意味、千葉さんのたどったコースはその先駆けです。イベントに出るきっかけは、交友から。自分が好きなお店や好きなつくり手の近くにいられるよう足を運び、「自分が何をしている人間か」を知ってもらうのをくり返してきたことが、チャンスをたぐり寄せました。さらにその前段階として、「自分のお菓子は、こういうお菓子」という輪郭をつくっておくことが大事だったと振り返ります。

「自分の味」の軸をつくる

技術的にどんなに完成度の高いお菓子が作れても、「自分の味」をつくり上げるのは至難の技。千葉さんは、自分が目指すお菓子のあり方を、こんな風に話してくれました。

「私にとって主役は、実はコーヒーや紅茶。お菓子はそれに添えられるもので、中心ではないのです。飲み物の邪魔をしたくないから、味は複雑すぎてはいけないし、それでいて素材の味わいがしっかり感じられるもの。そして食べ終わったあとに、『もう少し食べたかったな』と余韻が残るものが理想なのです」

菓子職人
千葉奈津絵

千葉さんはそうした価値観を、たくさんのお菓子を食べながら練り上げていきました。いろんなパン屋やお菓子屋に足を運び、気になるお菓子を食べてみる。好きなお店でも「このお菓子は好きだけど、あのお菓子はそれほどでもない」。その理由は何か。分析の結果を、自身の試作に活かしていく。お菓子を食べ続けることで、自分の「ものさし」を作っていったのです。
人を驚かせようとするのではなく、主役の邪魔をせず、それでいて、あとを引く味わい。言葉にするとシンプルですが、いざこういうお菓子を作ろうとしても、自分の中にしっかりとした「おいしい」の軸がなければ、なかなかできることではありません。

千葉さんの仕事でもうひとつ際立つ特徴は、果樹農家さんとのつき合いの中から生まれた生菓子たち。福島「あんざい果樹園」の洋なしやりんご、東京・三鷹の「oli oli 農園」のキウイフルーツ、瀬戸内・豊島《てしま》から届くレモンなど。素朴で日持ちがする焼き菓子類とはまた違った、フレッシュなフルーツを使ったタルトやチーズケーキ、パンナコッタなども、工房販売では人気です。

「くだものは一度にたくさん届くから、いつも待ったなしの状態で。どうしたらおいしく食べられるかを考えるのが楽しくもあり、大変でもあり(笑)。季節を感じられるし、毎年味わいも違う。生産者さんとの長いおつき合いの中で、かけがえのないことを学ばせてもらっています」

一生続く仕事だからこそ、配分を

「いただける仕事は全部受ける」と、とにかく働き続けた独身時代。友人と飲みに行って、そのあと明け方までお菓子を作るようなこともあったといいます。けれども結婚・出産を経て育児を行う今は、まず第一に「家族との暮らし」、その上で「仕事」と、優先順位を自分の中できっぱりと決めました。それは一見矛盾するようですが、「一生続ける仕事」という覚悟があるからこそ。長い人生の中で割くべき時間とエネルギーの配分を真剣に考え、潔くできた決断でした。

菓子職人
千葉奈津絵

工房販売を始めた当初は、焼き菓子好きな女性たちがバスを乗り継いで買いに来てくれることが多かったそうですが、最近は近所に住むおじいさんやおばあさん、小さな子どもを連れたお母さんなども増え、かつては赤ちゃんだった子が小学生になり、ひとりで小銭をにぎりしめ訪ねて来てくれることも多いそう。一緒に年を重ねていくお客さんたちの存在が、千葉さんの制作姿勢を支える宝物となっています。

「私はお菓子を作ること以外、本当に取り柄がなくて、他のことをしたいと思わないし、できないんです(笑)。こんな私でも作るといろんな方に喜んでもらえて、すごくしあわせです。今はお菓子を買っていただけているだけですが、いつかお皿に盛り付けたかたちで、飲み物と一緒にお出しできるような機会が持てたらいいな……なんて考えています。子育て中で、この先どうなるかは分からないですが、お菓子を作ることだけは確実に、続けていきたいと思います」

Q1

装いについてのこだわりを教えてください。

A

家と職場が同じ場所なので、ガーゼのボーダーシャツを作っているメーカー「SEEP」のエプロンを身につけ、頭に手ぬぐいを巻くと「よし、仕事するぞ」と気合いが入ります。エプロンは同じかたちのものを4枚持っています。服は好きなかたちがほぼ決まっていて、ブランドが違っていても、似たようなものばかりが集まります。体型的に気にしている部分があるので、それを目立たせないような服を選びます。

Q2

これは欠かせない、大切にしているという生活道具はありますか？

A

道具と言えるか微妙ですが(笑)、ラジオです。朝起きたらスイッチを入れ、仕事中にもずっと流しています。TBSラジオか、TOKYO FM。曜日や時間帯によって、そのどちらかを選んでいます。子どものころから実家ではTBSラジオだったので、肌になじんでいるみたい。

わが家にはテレビがないので、そこで天気予報やニュースを知ったり、番組やCMによってだいたい時間が分かるので、「この番組が始まったから、この家事をしよう」「あの番組が始まるまでにここまで終わらせよう」という風に、時計代わりにもなっています。

Q3

休みの日は、何をしますか?

A

子どもと過ごします。まだ保育園や幼稚園に行っていないので、一緒に過ごすことは平日と同じですが、年に数回はふたりで旅をするようにしています。行先は、瀬戸内海の豊島、徳島、北海道などなど。出産前から私がよく訪ねていた友人たちがいる土地に、息子の成長を見せに、里帰りをするような気分です。

家と職場が同じだと、休みと言いつつ「あの作業をちょっとしておこうかな」「メールの返信をしておこう」という具合に、ずるずるとしてしまう。旅行に行くことが、いちばんの切り替えになっています。

Q4

毎日欠かさずに行っている習慣を教えてください。

A

「ほぼ日手帖」に、子どもの成長日記をつけています。生後1週間くらいに、「あれができるようになった」「これもできている」と、いちいち私が驚いていたら、母から「日記をつけておくと、あとから読み返すと楽しいわよ」とすすめられたのがきっかけです。日記ですが子どものことばかりで、自分のことは一切書いていません(笑)。

Q5
食生活で心掛けていることはありますか?

A
私にとっては生活の中で、いちばんの軸になっていることです。野菜は近所のオーガニック食材店「グルッペ」から配達してもらうものを中心に、有機無農薬のものを。お米も「お米農家やまざき」の山﨑さんから、無農薬のものを送ってもらっています。なるべく余計なもの、化学物質を入れない食生活をするために、味噌など手作りできるものは作るようにしています。

Q6
身体のメンテナンスで、心掛けていることはありますか?

A
特に健康法や運動などを実践していませんが、できるだけ歩くように心掛けています。子どもと外で遊んで、少し遠くの公園まで歩いたり、気になるお店に足を運んだり。それと食生活を気にかけているくらいで、今のところだいたい健康です。

Q7
「ものを持つ量」に自分なりのルールはありますか?

A
なるべくものは少なくしたいと考えています。収納スペースは決まっているので、そこに収まるものだけ。壊れたり使えなくなったりしてから次のものを検討する感じで、ストックもあまり持ちません。仕事用の製菓道具も多ければたくさんものを作れそうと思われがちですが、場所をとるし、それを洗う手間なども実は増える。「最小限の道具を使っていかに作れるか」を考えながらしています。

若いころから引っ越しが多く、そのたびに「これ、前の家でも使わなかったな」という荷物が必ずあることに気づいて、だんだんものを減らす習慣がついてきました。しまい込んでいるものを定期的に取り出し、何を持っているか確認する作業も好きです。「これ、使っていないな」というのを2〜3回くり返したら、処分します。

Q8

人づき合いで心掛けていることは何ですか？

A

その人と長くおつき合いをしていけるかどうか、第一印象の直感を大切にしています。その直感にほとんど狂いはなく、ずっと長くおつき合いを続けている人たちは、最初から「好き」と確信できました。どちらかというと浅く広くというよりは、数は少なくても深く長くというタイプです。そういう人たちは、欠点と言われる部分すら愛おしいというか、たとえ嫌な面が見えたとしても、好きな部分のほうが大きいので、あまり気になりません。そしてお互いに、言いたいことがきちんと言える仲でありたいと考えています。

Q9

落ち込んだとき、自分をどのように励ましますか？

A

何かあっても「時間が解決する」と思うタイプなので、あまり落ち込みません。自分に理由がある場合は、その原因をきちんと反省し、同じことをくり返さないように対処を考える。そうでない場合は、仕方がないことと処理します。深く考えすぎない性格で、他人から見ると能天気に感じられるかもしれませんが、嫌なことはすぐに忘れてしまいます。基本的に面倒くさがり屋なので、ネガティブなことにエネルギーを使いたくない。口角を上げて生活をしていると、身体のめぐりもよくなるし、自然といいことが起こるようになっていくと思います。

Q10

仕事をしたくない、それでもやらなくてはいけないとき、どうしていますか？

A

自分が受けた仕事はやりきりたいので、「したくない」と思うことがありません。好きな環境で好きな仕事をしていて、買いに来てくれるお客さまがいて、感謝の気持ちが常にあるので、文句がありません。もちろん過去には、そんな気持ちになる仕事もあったかと思うのですが、最近は「嫌になりそうだな」という仕事は事前に断るようにしています。その判断が大事です。

茞木《ちさき》紀子《のりこ》

帽子デザイナー

佐賀県生まれ。独学で帽子を作り始め、企業の帽子デザイナーとして12年間従事したあと、2015年独立。2016年、株式会社「MAISON ENKU」を設立し、新たなブランド「chisaki」をスタート。国内外で作品を発表し、好評を博す。

普段は制作を行っているアトリエが、展覧会の時期はショールームになる。
帽子はひとつひとつが表情豊かで、どれも個性的。

「chisaki」の折りたためる帽子「sonto（ソント）」。立体的な帽子がペタンと平面になる、
「帽子をたためる」という発想が斬新で、海外でも人気の高いシリーズ。

「JUJU（ジュジュ）」と名付けられた
リネン素材のキャスケット。
後頭部のふんわりしたふくらみや、
つばのほどよい傾斜などが、
女性らしい上品な印象を生み出している。

帽子の多くには
内側にサイズを調節できるゴムがつけられており、
先にはアフリカのリサイクルガラスを使ったビーズを。
ブランドタグもひとつひとつ手縫いされている。

写真家・冒険家の石川直樹さんの写真集『K2』。
エベレストよりも登るのが難しいといわれるK2に挑戦した、石川さんの遠征記録。

帽子の絵型。帽子にはひとつひとつ、名前がつけられている。
「言葉の響きだけでつけているものがほとんどで、
意味はないことが多いですが、名前をつけることで愛着がわきます」

光が差し、たくさんの緑が目に入るアトリエ。
「材料ひとつ使うにしても、
その材料を作る人の背景まで
想像をめぐらせるような、
そういうものづくりを続けたいと思っています」

帽子のベース全体に霧吹きをかけ、手でもみながら、へこませたり折り返したり、
ひとつひとつ表情をつけていく。
「長年やっているので、手の皮もすっかり固くなりました」

素材はナチュラル、飾りは最低限のシンプルなかたち。けれども手にしてみると、ブリムがくしゃっと折り返してあったり、さりげないエッジがつけられたり。帽子は洋服とくらべ、デザインの幅が限定されたアイテムのように思われがちですが、苣木紀子さんが手掛ける「chisaki」の帽子は、手にした人に「こんな新しい表情があったんだ」と、新鮮な驚きを与えてくれます。

たとえば人気の高い「sonto（ソント）」（204ページ参照）は、折りたためる帽子。日本の和紙を原料としたペーパーブレードの中折れ帽で、このかたちのアイデアは、海外の展示会にハンドキャリーで作品を持ち込んだときに、パッキングの失敗から偶然生まれたとか。かぶったときにたたみジワが美しいフォルムを生み出し、つば先には樹脂製のワイヤーが入っているので、自分なりに表情もつけられるそう。かぶらないときにはバッグにたたんで入れて持ち運びができるので、「旅行のときに便利！」と、買い求めるお客さんも多いようです。

「この帽子は幅が5ミリから7ミリという細いブレードを、1ミリずつ重ねながら縫い合わせていくという、高度な職人技から生まれています。日本の職人仕事は、世界的にみても素晴らしくレベルが高い。私にできることは微力ですが、その技術を伝えていけるよう、少しでも長く一緒に仕事を続けていきたいと考えています」

またココヤシの葉を加工した「バオ」と呼ばれる天然素材を使った帽子は、水にぬらすとやわらかく、乾くと固くなる性質を利用し、トップに特徴的な凹みをつけたり、ブリムにくるんと曲線的な折り返しをつけたりと、手作業から生まれるさまざまなフォルムで楽しませてくれます。

確固とした世界観を持つ「chisaki」の帽子。そのデザイナーである苣木さんは、若いころからさぞかしファッションやカルチャーにのめり込んだ青春時代を送ったのでは……と質問すると、意外な答えが返ってきました。

「佐賀の唐津出身で、大学時代は国語の先生になるために教育実習を受けました。

けれども自分が教師になることに違和感を覚え、一般企業に就職し、化粧品メーカーのインストラクターの仕事に就きました。その後、福岡から札幌に転勤し、一身上の都合で会社を辞め、東京に住むことに。当時のパートナーの仕事がアパレル関係だったので、その営業を行ううちに、自分でも服作りをするようになったんです」

駆け足で経歴を伺いましたが、何ともすごい展開。そもそも普通の会社員から、「つくる人」への転換は、そんなに簡単にいくものなのでしょうか。

「何者でもない自分」へのあせり

「幼いころから祖母と一緒に暮らしていました。夜8時から寝るまでは、ふたりの『手芸タイム』で、編み物をしたり、ワンピースや犬の洋服を作ったりして、楽しんでいました。伯母が手芸用品店を営んでおり、そこの編み物教室に通ったり、母も洋裁をしていて、お手製の服を着ることがうれしかった。ものを作ることが身近にあり、デザイナーという仕事に憧れもありましたが、何せ田舎で(笑)、そんなことを言っても、誰も反応できないような環境だったのです」

20代になり、めぐり合わせで服をデザインするチャンスに恵まれた苣木さん。持って生まれたセンスがあったのでしょうか、初年から有名セレクトショップとの取り引きが始まるなど、幸運に恵まれます。しかし「きちんと学んだことがないものが世に出ていくこと」に、コンプレックスを感じ、29歳のときに一念発起して、服飾の専門学校に通いだします。

しかし憧れていた洋服作りも「何だか違う」と感じ、学校を辞めたあとは、アルバイトを3つ掛け持ちするフリーター状態で、しばらくふらふらしていたそう。振り返ってみるとこの時期が、苣木さん曰く「人生のどん底期」。「自分が何者でもない、誰の役にも立っていない気がする、そんな罪悪感のようなものにさいなまれていた」と言います。

「バイトは忙しいし、疲れるし、それでも日々は過ぎていき、あせるし、あせったところで空回りするし（笑）。自分に自信がないから、人に会うのも辛くて、家から出るのもおっくうだったように思います」

「本当にやりたいことは何か」と真剣に考えたとき、振り返ったのは、幼いころの自分の姿でした。編み物をして友人に手袋をプレゼントしたり、受験を控えたクラスメイトに、お手製のお守りを贈ったり、家で飼っていた犬にニットの腹巻きを作ったり。自分自身が手を動かしてものを作り、人に贈り届けることが好きだった……。

そんな悩める時期、知り合いから「時間があるのなら、帽子作りでも習ってみない？」と、運命的な誘いを受けます。

「ほんの軽い気持ちで、たまたまベレー帽の作り方を教わったら、楽しくて、楽しくて。それまで実は、帽子なんてほとんどかぶったことがなかったのに、ものすごく……不思議ですよね」

213

帽子デザイナー

菅木紀子

帽子だから生まれた探究心

偶然のような、帽子との運命の出会い。菅木さんは「たまたま」と言いますが、暗闇で必死にもがき続け、やがて光が差したときに、その可能性にすっと力強く手を伸ばす行動力が、その出会いを引き寄せたようにも思えます。

ベレー帽の作り方をマスターしたら、「では他の帽子はどんな構造になっているのだろう？」と、市販の帽子を買ってそれを分解。パターンの構成や、芯地にどのようなものが使われているかを調べ、やがて自分自身でパターンをひくようになります。帽子を作ってはまわりの友人に贈り、「かぶり心地はどう？」とリサーチし、その結果を踏まえてまた帽子を作る。ときには何日も何日も、つば部分のパターンばかりをひき続けることもあったそう。

語り口調はゆったりしていて、ふんわりやわらかな雰囲気の菅木さん。けれども一度ハマったら、のめり込み方は徹底的。納得いくまであきらめず、完成を目指して試行錯誤し続ける。そんな彼女の気質が、帽子という道すじを与えられ、一気に花開いていきました。

「帽子はパターンがほんの数ミリ、つばの傾斜がほんの少し違うだけで印象が変わる。その繊細さ、ストイックさに惹かれました。ものとして完成したあとも、手にした人のかぶる方向や深さでも雰囲気が一変する。サイズは小さくても、私にとっては無限の可能性が広がる世界に見えたのです」

自作のベレー帽をかぶっていたある日、知り合いから「その帽子可愛いね」「帽子デザイナーを探している会社があるので面接受けてみたら？」とすすめられました。サンプルを10個作って面接に行ったら、その場で「自分のブランドをやってみる？」という流れになったそう。そうして任せられたブランド「バルール」は、翌年からパリの小物展示会「プルミエールクラス」に出品され、日本国内はもちろん、海外でも高く評価されることとなりました。

まるでシンデレラストーリーのような華々しい展開です。けれどもその裏で、プレッシャーや疲労から、胃潰瘍や十二指腸潰瘍、ヘルニアを患うなど、身体の声に耳を傾けず、酷使した時期もあったそう。

「好きで仕方ない帽子作りを仕事にできて、海外に挑戦させてもらえて、お給料ももらえる。もちろん大変でしたが、やり甲斐も大きく、がんばらない理由はないですよね（笑）。とにかく作ること、仕事が大好きで、楽しくて仕方がないから続けられました」

洋服では専門知識がないことがコンプレックスでしたが、帽子に関しては逆に、独学であることがいい方向に働きました。専門学校に行ったことで自分の力が生かせるのは職人的なパターンの分野ではなく、あくまでデザインであることに気づき、帽子制作では職人さんやお針子さんなど技術的なプロに任せられる部分は任せ、そのぶん自分にしかできないこと、先入観のない柔軟な発想でものづくりをすることに注力しました。「こんな帽子、見たことがない」というお客さまの驚きは、苣木さんと技術者とのコラボーレションから生まれたものなのです。

「日本の職人仕事のクオリティの高さをさらに発信していきたい」と、萱木さんが独立したのは2015年のこと。かぶった人が心地よくいられることなどをモットーに、自分自身のブランド「chisaki」をスタートさせます。

「やりたいこと」に耳を澄ます

のめり込んだら止まらない、重度のワーカホリックで、休めないのが悩みだった萱木さん。どこかで「休むこと＝怠けること」という意識もあったよう。そんな彼女が休むことを覚えたのは、「登山」という楽しみを見つけたから。しかもガイドがつくような、本格的な雪山登山です。

山にのめり込むようになったのは、2015年末ごろ、写真家であり冒険家でもある石川直樹さんの写真展を見たことがきっかけ。雪山の景色からインスパイアされた「YAMA」という帽子も生まれました。

人は忙しすぎると「やるべきこと」と「やりたいこと」がごっちゃになり、本当に自分が求めていることが分からなくなるときがあります。心と身体が正しくつながっていないと、自分が真に望む、正しい判断はできません。それをつなげる方法が、菅木さんにとっては自然のそばにいること。その究極の方法が雪山登山だったのです。

「最初に雪山を見たときは、『絶対こんなの登れない！』と思ったのですが、一歩一歩進んでいけば、いつか必ず頂上にたどり着く。帽子作りも登山と似ていて、展示会のあと、オーダーを集計すると、その数が果てしなく思えるときもあるんですが(笑)、1個ずつやっていけば、必ず終わるんです」

かたちになると可愛いし、可愛いとうれしいからさらに「もう1個作ろう」と思える。そうやって一歩ずつ、手渡す先にある笑顔や喜ぶ姿を思い浮かべながら、誠実なものづくりを続けていく。そうしたことを大切にしていきたいと考えているそう。

萓木さんの会社名は「MAISON ENKU」。これは江戸時代の修行僧・仏師である「円空」の名から。全国をめぐり歩き、その土地土地で木彫りの仏像を残したことで知られ、一説にはその数約12万体だそう。庶民が気軽に拝めるようにと作られた仏像たちは、どことなくユーモラスで素朴な御姿をしています。奇しくも萓木さんが前の会社で手掛けた帽子の数も、およそ12万個だったとか。

「円空さんは僧侶として素晴らしい方ですが、手掛ける仏さまはどこか可愛い。人々に寄り添い、仏さまと一緒に『何か』を手渡している、その姿勢に強いシンパシーを感じました。仏像と帽子ではまったく役割が違いますけど、それでもそ

の人の暮らしの中で、楽しみや喜びとなるものを、自分もまた手渡していきたいと思っています」

今後の目標は、日本はもとより、海外のお客さまとも積極的につながっていくこと。さらには、たとえば病気の治療で髪が落ちてしまった方々に向けて、帽子を通じて心が明るくなるような試みも始めていきたいと考えているそうです。

「私にとって帽子はコミュニケーションツールのひとつ。大げさに聞こえるかもしれませんが、言葉や文化、生活状況が違う人とも、間に『誠実で、いいもの』があれば、つながっていけるということを証明していきたいんです。だからものづくりはひとりよがりではいけないし、常に『この帽子をかぶった人がどんな気持ちになるか』という想像力が大切だと思っています。そしてその帽子が売れることで、材料を作る人、職人さん、お針子さんやお店の方々など、関わる人たちの輪に、いい循環が生まれていく。そんなものづくりを続けていくことが理想なのです」

Q1

装いについてのこだわりを教えてください。

A

ブランドのコンセプトがしっかりしていたり、素材がよかったりと、着ていて心身ともに「気持ちいいな」と思える服が好きです。たとえばインドの女性の生活向上のために、ものづくりの仕組みから考えている、クリスティーナ・キムの「dosa」や、友人でもあるキッタユウコさんが主宰する「kitta（キッタ）」の服など。後者はオリジナルの草木染めの衣服を沖縄で制作していて、身につけることで何か大きな力に守られているような、心地よさ、安心感があります。イベントで人前に出るときや、気分を上げたいときなどに袖を通すことが多く、お守りのような感じさえします。

Q2

これは欠かせない、大切にしているという生活道具はありますか？

A

お香です。ドライハーブにしたセージか、「鳩居堂」の「深雪（みゆき）」というお香が定番です。朝起きて瞑想をするときと、夜寝る前に。リラックスするだけでなく、メンタルをクリアにしたり、心身や空間を浄化するためにも使っています。

帽子デザイナー
荳木紀子

Q3

休みの日は、何をしますか？

A

まとまった休みが取れた場合は山へ、そうでないときは近所の公園などへ散歩に。自然にふれることが多いです。最近はロッククライミングにはまり、週末は外岩登り、天気が悪いときはボルダリングジムでトレーニングを。友人の展示などを見に行くこと以外は、よほどのことがない限り街中に足を運びません。好きな仕事をしているのでどうしてもそのことばかりを考えがちですが、新しいものを見たい、感じたいと思うときにはチャンネルを変えるきっかけとして、自然のそばにいくようにしています。

Q4

毎日欠かさずに行っている習慣を教えてください。

A

白湯を飲むこと、瞑想、日記を書くこと。日記は中学生からの習慣で、書くことで鬱々とした気持ちを流す効果と、考えを再認識し、次の行動のきっかけを得る効果があると思います。忙しくて書かない時期もありましたが、書く日と書かない日では、気持ちの定着度がまったく違う。自分自身について理解が深まるので、ひとことでも書くようにしています。

寝る前は「お参り」を。祖父母をはじめとするご先祖さまや宇宙に対して、1日を振り返り、感謝の気持ちを伝えます。

Q5

食生活で心掛けていることはありますか？

A

朝白湯を飲むこと、豆乳を毎日飲むこと。展示会の前や制作期間に入ると、仕事以外のことを考えたくなくて、料理はほとんど作らなくなります。その代わりにできるだけ旬の、栄養価の高いオーガニックの野菜を買い、良質なオリーブオイルと塩でいただくように。シンプルな味付けが素材の味を際立たせてくれるような気がします。「食」はとても大切なことなのに、ついあと回しにしてしまうので、改善したいことのひとつです。

Q6

身体のメンテナンスで、心掛けていることはありますか？

A

先日出掛けた雪山で体力不足を痛切に感じて、毎日ではありませんが、走るようになりました。制作を続けていると肩こりや頭痛を感じることがあり、マッサージなどよりも走って全身運動をしたほうが、治りは早いように感じます。その日の自分の体調と相談しながら、平均1時間くらい。

あるとき、やはり山で身体を酷使して、左膝を傷めたことがありました。頭では登りたい、でも身体は苦しい。「これまで自分はずいぶん頭と身体をバラバラに使ってきたんだな」と気づくきっかけになりました。以来、自分の身体をよくさわって「ありがとう」と言葉をかけるようになりました。

帽子デザイナー
苣木紀子

Q7
「ものを持つ量」に自分なりのルールはありますか？

A
若いころは服などを試しにいろいろ買っていましたが、好みが分かり、むやみに買うことはなくなりました。今の生活はほとんど「好きなもの」しかなく、「捨てること」にあまり意識は向いていません。間に合わせで買うことはひかえ、お金を使うなら、つくり手を応援するような、いい購買につながることを心掛けています。

すでにもうたくさんあるのに、つい買ってしまうものは靴下。小さな世界にいろんな柄と色があり、手軽なアートのような気もしています。

Q8
人づき合いで心掛けていることは何ですか？

A
格好つけずにありのままの自分でいること、肯定的に出会いを受け止めること。その人と会ったということは、何かしら縁があって、学びがある機会だと思っています。「この人嫌だな」と、否定的な感情がスタートになると、すべて悪い方向にしか思考が行かなくなり、もったいない。

化粧品会社で働いていた20代のとき、大ベテランの先輩から「会う人はすべて、自分の合わせ鏡。嫌な人と会うのは、あなたがそういう人間だから。そうならないためには、すべての人をいったん受け入れなさい」と言われました。そのときは「何のこっちゃ」と思っていましたが(笑)、社会経験を積んできた今は、その意味が分かるような気がします。

Q9

落ち込んだとき、自分をどのように励ましますか?

A

なぜこの状況になったか原因を考え、自分に原因があれば改善し、ない場合はきっぱり忘れます。あきらめや責任放棄ではなく、自力ではどうしようもない、天に任せるという意味で、「仕方ない」と手放します。実は最近あまり落ち込まなくて、落ち込む暇がないというのもあります。

Q10

仕事をしたくない、それでもやらなくてはいけないとき、どうしていますか?

A

今の仕事は多くの人を巻き込んでしていることなので、やらなければいけないことはやります。自分がやりたいか、やりたくないかは関係ないです。創作面に関しては、アイデアが浮かばない、つくりたくてもつくれないときがあります。そういうときはいくら机にかじりついても解決しないことを経験的に分かっているので、電車に乗ってただ移動したり(笑)、拭き掃除したり、デザインと関係ない事務仕事をしたりして気分転換をします。

芦川《あしかわ》直子《なおこ》

コーヒー焙煎人

東京都生まれ。化粧品会社、生活道具メーカー勤務を経て、２００５年より自宅でコーヒー焙煎を開始、翌年よりインターネット販売をスタート。２００８年東京・上目黒に「コーヒー　キャラウェイ」をオープン。２０１５年五本木に移転。出張イベントや、豆の卸販売なども行う。

内装を手掛けたのは、国立「フードムード」やつつじヶ丘「手紙舎」の店舗デザインでも知られる、建築家の井田耕市さん。

「ドリップの適温は85から90℃。温度が高すぎると苦味や刺激臭が出てしまい、低いと逆に香りが立たない。沸騰したやかんからドリップ用ポットに移しかえると、ちょうどいい温度になります」

芦川さんの心の師匠・中川ワニさんの「コーヒーは、コーヒーらしく」という言葉は、
彼女が目指す味わいの、ひとつの指針となっている。

焙煎前の生豆をハンドピックで選別。
手間と時間がかかる作業だけど、これを行うことで、余分な雑味が減っていく。

「マタン（朝、午前）」「キャトゥルール（おやつの時間）」といった風に、
コーヒーが飲みたいときの気分に合わせて名付けられたコーヒー豆。
前者はフルーティな中煎り、後者は深煎りでほろ苦い味わい。

コーヒー業界では
「サンプルロースター」（少量を試し焼きできる焙煎機）
と呼ばれる小型焙煎機。
自宅で焙煎を始めたときから
「キッチンで使えるサイズを」と愛用してきたもの。

カウンター手前には、五本木「パティスリー・スリール」、横浜「焼き菓子キナリテ」など、

「コーヒーがおいしく感じられる」を基準に選んだ焼き菓子が並ぶ。

店内奥の棚には、芦川さんのコーヒーにまつわる蔵書が。
下段には学芸大学の古書店「サニーボーイブックス」がセレクトした古本が並び、購入可能。

店舗床のタイル風模様は、アートユニット「グセアルス」の作品。
モルタルの床にステンシルで描いてもらった。グレーがかった藍色は、この店のテーマカラー。

花生けはご近所のフラワーショップ「イロトイロ」に依頼。
生花があることで、店内にはやわらかく清々しい空気が漂う。

芦川さんが影響を受けた書籍
『ベーシックライフ2』。
芦川さんが
「私も、自分らしい暮らしをつくる人になりたい」
と思うきっかけになった本。

コーヒー焙煎人

芦川直子

東急東横線の祐天寺駅から徒歩数分。カフェやビストロ、古着屋など味わいのある個人商店が点在するエリアに、「コーヒー　キャラウェイ」が移転したのは、2015年8月のこと。まるでパリの街角にあるパティスリーのような外観は、一般的なコーヒー店とは、ひと味違った印象です。

対面式での豆の販売はもちろんのこと、店内では、一杯一杯ていねいにハンドドリップされたコーヒーを飲むことができます。取材に訪れた日、芦川さんはまず「Aprés-midi（アプレミディ＝午後、昼下がり）」と名付けられた中深煎りのコーヒーを入れてくれました。

コーヒーと言えば、「コロンビア」「グァテマラ」「モカ」といった風に、産地名を表記して販売されるのが主流です。けれど「コーヒー　キャラウェイ」のコーヒーは、ストレート（コーヒー豆を1種類だけ使用したもの）でありながら、「マタン（朝、午前）」「キャトゥルール（おやつの時間）」「ニュイ（夜、晩）」といった風に、「コーヒーが飲みたいときの雰囲気、感覚」で選んでもらえるようなネーミングになっています。使用する豆も常に固定しているわけではなく、その時期に届く豆の状態を見ながら選ぶそう。マニアではない、でも「コーヒーを飲む時間を大切にしたい」と考えている人たちへ、フレンドリーでやさしいコーヒーを届けたいという思いが、豆の名付け方に表れています。

コーヒー世界への案内人に

芦川さんが豆を焼くのに用いるのは、自宅で焙煎を始めたときから愛用してきた小型焙煎機。焙煎は、ほんのちょっとの火加減や時間の違いで、味わいがガラリと変わってしまうもの。またコーヒー豆は農産物なので、同じ産地でも繊維の固さや水分量など、状態はバラバラ。いつでも「焼いてみないと、分からない」ものなのです。

祐天寺にお店を移転したときに、もっと大きい焙煎機の購入を検討したそうですが、感覚が慣れたこれまでの機械を継続して使うことに。焙煎作業はほぼ毎日。

1回1回、誠実に豆と向き合っています。

焙煎に加え、おいしいコーヒーを作るもうひとつのポイントは、豆のハンドピック（欠点豆を手作業で取り除く作業のこと）。虫食いのある豆、「貝殻豆」と呼ばれる空洞のある豆、未成熟で色が白い豆などなど。芦川さんは焙煎前と焙煎後の2回、ハンドピックを行い、豆たちを「粒揃い」にしていきます。

大量生産をするメーカーでは、こういう手作業は難しくなります。そして「欠点豆は根こそぎ取ればいい」というわけでもなく、「取りすぎると個性がなくなる」と考える人もいる世界。豆をはじく基準にも、焙煎人の個性が表れると言われているそうです。

「コーヒー1杯分の豆20gは、およそ100粒強。その中に欠点豆が5粒入っていると、味わいが変わってくるのは、何となくイメージできますよね。たとえば大量生産品の豆を買ったときでも、『これは今ひとつ』と思う豆を自分ではじいてみると、すっきりおいしくなると思いますよ」

「焙煎人」であり、お客さまにコーヒーの魅力を伝える「コンシェルジュ」でもありたいと話す芦川さん。ていねいなドリップで、おいしくコーヒーを飲んでもらうだけでなく、コーヒーについての知識やちょっとしたアドバイスを伝えることも、常に心掛けているそうです。

コーヒーだけが扉が開いた

大学を卒業したら、一般企業に就職するのが当たり前だと思いながら過ごしてきた芦川さん。化粧品会社に就職し営業を担当、退職ののちテーブルウエア・キッチン・インテリア雑貨の企画販売をする会社に転職します。

芦川さんが当時影響を受けた本として挙げてくれたのは、スタイリストの小澤典代さんが2002年に編集した書籍『ベーシックライフ2』（メディアファクトリー刊）でした。さまざまな職業の人が、自分らしいセンスで住まうインテリアの

コーヒー焙煎人
芦川直子

様子や、暮らしのアイデアを紹介した本。その中には、芦川さんが「心の師匠」と呼ぶ、「中川ワニ珈琲」の中川ワニさんも登場していました。

2002年ごろというと、世間ではカフェブームが起こり、生活まわりのクラフト作家やセレクトショップが注目され始めた時代。この本に登場する人々は、ゼロから自分の仕事を生み出すようなクリエイティビティがあり、ページをめくるたびに「こんな生き方があるんだ」と、強い衝撃を受けたそう。20代だった芦川さんも「カフェオーナーになりたい」「織り物や編み物で作家になれたら」と、ふわふわとした夢を抱いては、本当の自分は一体何をやりたいのか、何ができるのかを模索していたと言います。

「若くて世間知らずだったから」と芦川さん。カフェでコーヒーを飲むことが好きだったこともあり、ワニさんに直接連絡し、自宅を訪ねました。ワニさんはお店を構えていたわけではありませんが、自宅にときどきお客さんを招いていたのです。その縁が続き、やがて彼が開催するコーヒー教室に通うようになります。

「まるでドリップ道場のようだった(笑)」と振り返るコーヒー教室。舌と感性が超人的と言われるワニさんのもとで、コーヒー論・人間論をシャワーのように浴びながら、正確なドリップの技術を学べたことは、お店を始める自信につながりました。なぜなら焙煎人にとって、コーヒーを淹れる技術は、豆を焼く技術と同じくらい、とても大切なものだからです。

「安定したコーヒードリップの技術がないと、自分の焙煎が悪いのか豆が悪いのかが判断できず、豆に振り回されてしまうんです。数を重ねることで舌も育っていきますし、『いつもの自分の味』を確定することで、初めて豆の個性をきちんと引き出せるんです」

芦川さんの「心の師匠」のもうひとりは、銀座の老舗「カフェ・ド・ランブル」で豆の焙煎を担当していた内田牧さん。2000年代初期のころ、カフェ好き、コーヒー好きな人々が集まるサイト「東京カフェマニア」の掲示板で知り合い、

コーヒー焙煎人
芦川直子

コーヒーの講習会や勉強会を紹介してくれていましたが、やがて「そんなに好きなら、自分で焼いてみれば？」と、コーヒー焙煎の道へと誘ってくれたのです。

今でこそ、さまざまな媒体で女性焙煎人の活躍が取り上げられ、その存在はめずらしくなくなりましたが、当時も今も、コーヒー業界は男性中心の社会。「コーヒーの現場で働きながら学びたい」とアルバイトで入ったコーヒー店で「焙煎をやってみたい」と伝えると、「焙煎担当は決まっているから」とかわされ、長く勤めていても、任せてはもらえませんでした。マスターからは「中途半端にやるな」「女性には向いてない」と言われ、同業種の女性の先輩からまで「やらないほうがいい」言われたことも。

芦川さんはそんなとき、腹を立てるよりも先に、「向いてないと言われるけど、本当だろうか？」と冷静に考えるタイプでした。「できないかな？」「いや、できるのでは？」。否定的な言葉を投げかけられるほど、できない理由が思いつかない。そして「もう自分はやると決めているんだ」と、本心が浮き彫りになっていったと言います。

2005年に自宅で焙煎を開始、翌年からイベントでのコーヒー販売やインターネットでの通販をスタートします。それまでも編み物や織り物をしたり、ミシンを踏んでみたり。カフェを開業したいと、もがいたこともありました。実際の現場を体験し、きびしさを痛感したこともありましたが、「唯一向こうからドアが開いたのは、コーヒーだった」と、芦川さん。

そのつど努力をしてなかったわけではないけれど、コーヒーだけは自然と道が開けていき、「自分がやりたいこと」に「人から求められること」が重なって、いつの間にか今のような状況になっていったそう。

「苦労を重視する人も多いですが、私はどちらかというと、楽にやるにはどうすればいいかと考えます。楽とは決して『手を抜くこと』ではなく、『自分が自然にできること』。たとえば編み物は、すごく好きでしたけど、『何でこんなに大変なんだろう〜?』と、苦行のように感じるときも多くて(笑)。でもコーヒーだけは、すっと行動できるし、情報も入るし、実作業で身体も動く。これなら仕事にしても、苦にならないだろうなと思いました」

やがて自宅での焙煎に限界が来たのを機に、2008年東京・上目黒に焙煎所兼喫茶室として、実店舗をオープン。その7年後に現在の場所に移転しました。

「実店舗を構えていちばん大きかったのは、仕入れ先やお取り引き先の方々の対応が変わったこと。きちんと看板を掲げて、『自分の場所はここ』と表明したことで、『本気なんだ』と、一人前として認めていただけたように思います。インターネット販売時代から応援してくれた友人たちにも、『来てね』と胸を張って言える場所があるのは、すごく大きな励みになりました」

コーヒーのある空間をつくる

「コーヒー　キャラウェイ」の店内を眺めると、芦川さんのさまざまな交友関係が見受けられます。物販の棚に並ぶ古本は、学芸大学の古書店「サニーボーイブックス」がセレクトしたもの。店内に生き生きとしたリズムをもたらしてくれるのは、ご近所のフラワーショップ「イロトイロ」の花活け。カウンターには「コーヒーに合うスイーツを」と、五本木「パティスリー・スリール」、横浜「焼き菓子キナリテ」の焼き菓子が並びます。店舗の床に描かれたタイル風の模様は、アートユニット「グセアルス」の作品。

自分はコーヒーマニアではなく、「コーヒーを飲む時間」「コーヒーのまわりにあるもの」を含めた、「コーヒーの世界」が好きと話す芦川さん。つくるものの先に、ものや時間、人との関わりが生まれていくことが、仕事のモチベーションにつながっているようです。

「『おいしいコーヒーのそばに、本と出会える機会があるといいな』。『じゃあ知り合いの古本屋さんにお願いしてみよう』という風に、アイデアを思いついて、それをかたちにするのがすごく楽しいんです。自分にとってはコーヒーが、人と関わるツールなのです」

コーヒーには人の数だけ正解があります。「コーヒー道」のようにとらえている人も多く、求めればいくらでも上を目指していける世界。ただただコーヒーが好きで、憧れていた世界に、気づくと自分も足を踏み入れていた。それがうれしくもあり、身が引き締まる思いでもあり。けれど一生楽しんでいける仕事だという確信は、しっかりと芦川さんの胸の中にあるようです。

Q1
装いについてのこだわりを教えてください。

A
コーヒーの仕事を始めたときに、仕事着は制服的なものを意識的に着るようになりました。最初のころは、お店の雰囲気に合わせて襟のあるシャツワンピース、今の場所に移転してからはヨーロッパのパティスリーをイメージして、服ブランド「SEEP」が「働く服展」という展示をしたときに発売した、紺のベストを着ています。中には白シャツを。環境に合わせる、あるいはその日一緒にいる人の雰囲気に合わせるなど、服選びでも「調和すること」を常に意識しています。「今日はこういう雰囲気の人が集まる場に行く」「おしゃれな人に会う」などなど、シチュエーションになじむ装いを考えるのも、義務というより楽しみにしています。

Q2
これは欠かせない、大切にしているという生活道具はありますか？

A
湯呑みです。自宅では10年以上前に四国を旅したときに窯元に寄って選んだ砥部焼、お店のほうでは今は沖縄の作家ものの焼き物を使っています。どちらも少し厚手で、安心して手に取れる感じがします。コーヒーやお酒など、風味を味わって飲むときは薄手の器がいいですが、ひと息ついてほっとしたいときは、頼もしい感じがいいなと思います。

コーヒー焙煎人
芦川直子

Q3
休みの日は、何をしますか？

A
以前は「仕事日と休日は分けなければいけない」という意識が強かったのですが、フリーの仕事に慣れてきて、改めて生活改善をしていくと、オンオフをきっぱり分けないでも、自分のペースを守れるようになってきました。日曜日の朝、コーヒーと朝食を持って夫と公園に行ったりして、その流れで午後は少し仕事をするとか、1日の中にオンがあったりオフがあったりする感じです。全部が「生活」です。

ただ、旅行のときだけは、きっぱりオフに。自分の年齢や肩書きを忘れて、意識的に「違う世界」に行こうと考えています。夫の休暇に合わせてゴールデンウィークか夏休みに、年に1回はひとり旅もするようにしています。

Q4
毎日欠かさずに行っている習慣を教えてください。

A
子どものころから毎日何かを続けるのが苦手な3日坊主タイプで、「ちゃんと続けられる人間になろう！」と自分に言い聞かせる意味もあり、白湯を飲んでいます。旅先のホテルでもお湯だけはわかせるので、ありがたいです。

Q5

食生活で心掛けていることはありますか？

A

40代に入って、体調を崩したとき、アーユルヴェーダの理論を活用しているクリニックにお世話になり、食事指導と、体質からくる気質を活かした生活指導を受けました。そこで診断していただいた、私の消化力に見合った食材を食べるようにしています。特に注意しているのは、小麦粉と砂糖。それらが身体に毒というわけではなく、「未消化なものが身体に残るのがよくない」という考えで、体質に合った量を食べるよう心掛けています。私の中には「8：2」というイメージがあって、8割養生する、2割好きなものを食べるという感じ。普段養生していれば、少しくらい違うものを食べてもリカバリーできると思います。

Q6

身体のメンテナンスで、心掛けていることはありますか？

A

会社員時代、月曜の朝に体調がすごく悪くなるタイプでした。それは土日に夜更かししてお酒を飲んだりして、生活リズムを崩すからそうなるわけで、今はできるだけ仕事の日と休日の差をつけすぎないようにしています。寝ないとダメなタイプなので、夜はきちんと8時間寝てリセットし、夕食のあとは仕事を一切せず、そのぶん早起きするようにしています。

コーヒー焙煎人
芦川直子

Q7
「ものを持つ量」に自分なりのルールはありますか?

A
自分に甘いので「いいな」と思ったらすぐ買ってしまうタイプです。興味を持つものに制限をかけてしまうのも、つまらないですよね。衝動買いは悪いことのように言われがちですが、「買い物なんて『これだ!』と思うときに買わないでどうする」と思う自分もいたりして、せめぎ合いです。自分の中に「買ってくる人」と「それを定期的に処理する人」がいて、どちらも、自分の正直な気持ちに添って、自然なリズムで入れかわっているので、それでいいかなと思っています。

Q8
人づき合いで心掛けていることは何ですか?

A
謙虚であること。年下や後輩であっても、なるべく先輩や友人に対するのと同じ態度を取るようにしています。もちろん年上の方は敬う態度で接しますから、結果的に、誰に対してもひとつの姿勢で接する感じです。仲良しで距離が近い、フレンドリーな人づき合いに憧れはありますが、あまり得意でないみたいで、自分らしく。ごく親しい人には、上からものを言うときがありますが、それは私の場合、かなりの愛情表現です(笑)。そして自分とは違っていても、人それぞれの考え方や生き方を尊重したいと思っています。

Q9

落ち込んだとき、自分をどのように励ましますか？

A

人生には伏線があって、辛い時期はもちろん辛くて落ち込みますが、そういう時期があるからこそ、輝いたり楽しかったりする時期がめぐってきます。辛い時期だけを見つめていたら辛いけど、そこを否定しないで、あたたかく受け止める。大きな流れの中で今の落ち込みを眺めるようにします。

ここ数年は、精神論も止めるようにしました。「気持ちを強く持てばいい」とか、「努力すれば改善する」と思いがちですが、実は落ち込みの原因は身体の不調だったりすることも多く、身体を整えられれば、心も自然と安定してきます。自己治癒力を実感すると自信になり、「心も一緒に戻れるはず」と自信がつきます。

Q10

仕事をしたくない、それでもやらなくてはいけないとき、どうしていますか？

A

小さいこと、簡単なこと、あまり頭を使わないところから始め、さらに「終わったあとにおいしいものを食べよう」といったご褒美を想定したりして、自分をだましだまし、ご機嫌を取りながら進めます。脳研究者の池谷裕二さんの本によると、「やる気はやり始めることによって出てくる」そうなので、脳を主役にせず、まずは手や身体を動かしてみることから始めます。

「つくること」のしあわせ

人を怒らせたり、悲しませたり、不快にさせたりするのは簡単。ものごとを批判したり、壊したりするのも、本当に一瞬のこと。一方で、喜ばせたり、楽しませたり、ましてや感動させるものをつくり上げるのは、何と大変で、手間と時間がかかることでしょう。本の編集や雑誌やウェブの取材を通じ、いろんな人と出会うたびに、そんな思いを強くしてきました。

中でも、魅力的な「もの」をつくり、それを生業にしている「つくる人」たちは、手先が不器用で頭でっかちな私にとって、強い憧れの存在です。ただつくるだけでなく、それがお金を払って買ってもらえるものとなり、手にした人が喜んでくれる。「何とすごいことだろう！」「どうしたら、そういうことができるんだろう？」。そんな羨望のまなざしと、「秘密を知りたい！」という好奇心を抱えながら、10組のつくり手たちに話を伺いました。

彼女たちの仕事の成り立ちや、暮らしにまつわる話を伺ううちに、大きなテーマとして浮かび上がってきたのは、「しあわせって、何だろう？」ということでした。やりがいのある仕事に就くことも、お金を稼ぐことも、楽しく素敵な暮らしをしたいと思うことも結局、「どうしたらしあわせになれるのか？」というシンプルな問いにつながっています。

「ものがたくさん売れればいい？」「有名になれれば、しあわせ？」。外野はついそんなことを基準に考えがちですが、彼女たちから共通して返ってきたのは、「人に喜んでもらえることが、何よりもうれしい」という言葉でした。それは決して、自分を無にして人につくすことではなく、自身の能力と可能性を存分に活かしきり、その結果が、手にした人々の楽しみや笑顔につながる。そういう積み重ねが、しあわせの基準となっているのです。

彼女たちは「自分のしあわせがどこにあるか」に、自覚的でした。そしてそこに向かって、日々楽しみながら、コツコツと工夫と努力を重ねているのです。もちろん人間ですから、腹を立てるし、落ち込むし、やる気をなくすときもあります（10の質問でも、そこが強く聞きたいポイントでした）。けれども、目指すべき方向がしっかりしているからか、対処方法も具体的で、参考になるのです。

彼女たちと受け手の間には、作品という「もの」が介在します。何か「もの」や「こと」に自分らしさを加え、他人に渡す。それが自分と受け手、両方の喜びにつながる。話を伺ううちに、そういう「しあわせの仕組み」はもしかしたら、どんな仕事にも、どんな暮らしにも、通じるのではないかと思えるようになってきました。

しあわせとは、与えられるものではなく、自らの手で「つくること」。つくる人たちは、そういう大切なことを私に教えてくれました。

この本は主婦と生活社のサイト「暮らしとおしゃれの編集室」内で2016年2月から2017年6月まで続いた連載「つくる人を訪ねて」の記事をベースに、追加取材と大幅な加筆を行ってかたちにしたものです。

ウェブ連載中は、担当編集であった主婦と生活社の大塚美夏さん、ウェブ担当の森水穂さん、編集長の梅田良子さんに大変お世話になりました。毎月の取材を共にしてくれたのは、フォトグラファーの有賀傑さん。私が取材をしている横で、いつのまにか欲しい写真を静かに確実に切り取っていてくれて、彼の写真がなければこの本は成り立ちませんでした。編集を担当した書籍で何度となく素晴らしい仕事をしてくれたデザイナーの渡部浩美さんに、まさか私自身の本をデザインしていただく機会が来るとは。一生の宝物にしようと思います。そして本書の完成まで、いつも笑顔を絶やさず、辛抱強く一緒に走ってくれた誠文堂新光社の編集・久保万紀恵さん。また、いつも仕事を支えてくれる家族にも、感謝の気持ちを記したいと思います。

本書に登場いただいた10組の「つくる人」に向けて、ラブレターを渡すような気持ちで原稿を書きました。彼女たちのチャーミングな作品と、それらを生み出す魅力的なお人柄が、この本を生み出す原動力になりました。本当にありがとうございました。

大久保真紀子 三浦有紀子	**cimai** 埼玉県幸手市幸手 2058-1-2 ☎ 0480-44-2576 http://cimai.jugem.jp/
藤原奈緒	**あたらしい日常料理ふじわら** 東京都小金井市梶野町 5-10-58 コミュニティステーション東小金井 atelier tempo 内 ☎ 042-316-5613 http://nichijyoryori.com/
岡本典子	**Tiny N** Facebook https://www.facebook.com/Tiny-N-188708961316175/ hanaikeshi Instagram　@hanaikeshi
上杉浩子	**hou homespun** http://www.hou-homespun.com/
星芽生	**shuó** 東京都渋谷区恵比寿南 2-21-11 朝日ビル 102 ☎ 03-5725-2390 http://shuo.jpn.com/
磯部祥子	**絲室** https://www.itoshitsu.com/
千葉奈津絵	**dans la nature** 東京都調布市深大寺東町 6-39-41 ☎ 090-2425-2010 http://www.danslanature.net/
萓木紀子	**chisaki** http://www.chisaki.co.jp/
芦川直子	**coffee caraway** 東京都目黒区五本木 2-13-1 ☎なし http://c-caraway.com/

田中のり子

出版社にて雑誌編集、書籍編集を経て、独立。衣食住をテーマに、暮らしまわりの編集・執筆を行う。編集・取材を行った書籍に、ワタナベマキ著『いりこで毎日おかず』『毎日、こまめに、少しずつ』、白崎裕子著『白崎裕子の必要最小限レシピ』、福田里香著『いちじく好きのためのレシピ』、引田かおり・ターセン著『二人のおうち』、渡部まなみ著『アトリエタタンのチーズケーキ』、磯谷仁美『歩粉のポートランド&バークレー案内』など多数。

撮影
有賀傑

デザイン
渡部浩美

編集
田中のり子
久保万紀恵（誠文堂新光社）

暮《く》らしが変《か》わる仕事《しごと》 つくる人《ひと》を訪《たず》ねて　NDC590

2018年10月17日　発　行

著　者　田《た》中《なか》のり子《こ》
発行者　小川雄一
発行所　株式会社誠文堂新光社
〒113-0033　東京都文京区本郷3-3-11
〈編集〉電話：03-5800-3614
〈販売〉電話：03-5800-5780
http://www.seibundo-shinkosha.net/
印刷所　株式会社大熊整美堂
製本所　和光堂株式会社

ISBN978-4-416-61848-6